52주 신바람 구역공과

제자로 세우는 구역 1

"그러므로 너희는 가서 모든 족속으로
제자를 삼아 아버지와 아들과 성령의 이름으로
세례를 주고 내가 너희에게 분부한 모든 것을
가르쳐 지키게 하라" (마 28:19)

52주 신바람 구역공과

제자로 세우는 구역 1

조종제 지음

Grace 은혜출판사

머리말

연말이 되면 많은 목사님들이 내년에는 어느 교재로 성도들을 교육하며 훈련시킬 것인가 좋은 교재를 찾기 위하여 인터넷을 뒤지며 서점을 찾습니다. 물론 교단에서 나오는 공과들을 사용하는 교회들도 많이 있겠고 나름대로 담임 목사님이 편집하여 만든 자료를 사용하는 교회들도 있습니다.

필자도 교단에서 교단 공과를 집필하였고 교단의 교육정책에 따라 교단공과를 사용해 오다가 때로는 교회 실정과 목회자의 비전과 이상에 맞는 교재의 필요성을 느끼곤 하였습니다. 그래서 서점에 나가 이 책 저 책 뒤져보며 고민할 때가 한 두 번이 아니었습니다. 서점에 가보면 많은 구역공과들이 있습니다. 나름대로 특징들이 있으며 유익한 공과들입니다.

필자는 선교 1세기 동안 급성장하므로 세계교회의 성장모델이 되어온 한국교회가 선교 2세기에 접어들면서 정체되고 침체되며 이단들에게 넘어가고 내외적으로 위기를 맞고 있는 원인 중 하나는 성도들을 바르게 양육하지 못하므로 믿음과 생활이 이원화되고 빛과 소금의 역할을 감당하지 못한데도 주요 원인이 있다고 봅니다.

이에 필자는 성도들을 체계적으로 교육 훈련시켜 교회에 일꾼이 되고 세상을 정복하며 세상에 나가 빛과 소금으로서의 사명을 감당케 할 새로운 교재의 필요성을 깨달아 금번에 제자로 세우기 위한 공과를 집필하게 되었습니다.

본 교재는 내용면에서 개혁주의 신학에 입각한 성경적이며 체계적이고 또한 쉽게 이해하고 적용할 수 있도록 꾸며진 것이 특색입니다.

본 교재는 2권으로 구성되어 2년간에 걸쳐 기독교의 핵심내용들을 체계적으로 다루고 생활에 실천하며 적용하도록 하였습니다. 본 교재를 사용하는 교회마다 주님의 신실한 제자들이 세워지기를 기도 드립니다.

성문목장에서

저자 조종제 드림

본 교재의 특징 및 활용법

◈ 본 교재의 7대 특징

1. 본 교재는 구역원 (셀그룹 속회원)들을 제자로, 교회의 일꾼으로 성장시키기 위하여 성경의 핵심내용과 기독교의 진리들을 테마별로 체계적으로 꾸며졌습니다.
2. 각 과마다 주옥같은 예화와 생각하기를 넣었습니다.
3. 단원마다 말씀을 찾고 생각하며 함께 나누도록 하였습니다.
4. 말씀을 삶에 어떻게 실천할 것인가를 나누도록 하였습니다.
5. 오늘 말씀을 통하여 주시는 교훈을 나누고 회개하며 다짐하고 기도하도록 하였습니다.
6. 강단에서 설교용으로도 활용할 수 있습니다.
7. 인도자가 인도하기 쉽도록 성경 본문과 찬송을 넣었습니다.

◈ 교재 활용 인도법

1. 먼저 인사를 나누며 서로 축복합니다.
2. 정해진 찬송이나 또는 본인이 원하는 찬송을 합니다.
3. 함께 신앙고백을 드리거나 한 사람이 대표기도를 합니다.
4. 성경을 다 같이 읽습니다.
5. 생각하기 부분(마음열기)을 구역원에게 읽게 합니다.
6. 말씀 속으로는 단원별로 한 단원씩 읽고 성경을 찾아 읽게 합니다.
7. 나눔의 시간은 오늘 말씀을 통하여 깨달은 점, 교훈 등을 나눕니다.
8. 실천하기는 오늘 말씀을 어떻게 실천할 것인가를 서로 나눕니다.
9. 결단 및 기도시간에는 오늘 말씀에서 말씀대로 살지 못했던 것들을 찾아 회개하며 말씀대로 살 것을 다짐하며 기도합니다.
10. 감사 및 알림에서 감사예물을 드리고 헌금기도를 한 후 교회의 중요한 소식과 구역원 소식, 다음 모임 등을 전달하고 찬송을 드린 후 주기도를 드림으로 마칩니다.

차 례

7.제자와 사회생활

8.제자와 언어생활

9.제자와 섬김생활

10.제자와 사랑실천

11.제자와 청지기생활

12.제자와 재림신앙

부록/ 제자와 절기생활

제1과 제자로의 부르심

- 본문/ 마태복음 4:18-22
- 인사/ 반갑습니다. 주님의 이름으로 축복합니다, 사랑합니다,
- 찬송/ 449, 453장
- 신앙고백 (기도)

말씀읽기

18 갈릴리 해변에 다니시다가 두 형제 곧 베드로라 하는 시몬과 그의 형제 안드레가 바다에 그
물 던지는 것을 보시니 그들은 어부라 19 말씀하시되 나를 따라오라 내가 너희를 사람을 낚는
어부가 되게 하리라 하시니 20 그들이 곧 그물을 버려 두고 예수를 따르니라 21 거기서 더 가시
다가 다른 두 형제 곧 세베대의 아들 야고보와 그의 형제 요한이 그의 아버지 세베대와 함께 배
에서 그물 깁는 것을 보시고 부르시니 22 그들이 곧 배와 아버지를 버려두고 예수를 따르니라

생각하기/ 깡패가 부흥사가 되다.

김익두는 황해도의 유명한 깡패였습니다. 장날이 되면 장에 가는 사람들이 성황당에 가서 오늘 김익두를 만나지 않게 해달라고 빌었다고 합니다. 1900년도 미국 북장로교 소안론 선교사 부인이 김익두를 만나 전도지를 주며 오늘밤 부흥회에 오라고 초청하였습니다. 김익두는 그 자리에서 전도지를 받아 코를 풀었습니다. 선교사는 전도지로 코를 풀면 오늘밤 코가 썩는다고 하였습니다.

그날 밤 김익두는 코가 근질거리며 콧물이 나오자 코가 썩는 줄 알고 놀라 잠을 자지 못하고 당황하다가 선교사를 찾아 갔습니다. 천하의 깡패 김익두가 소안론 부인의 전도로 예수를 믿게 되었고 그의 생활은 변화되어 10개월 만에 신약성경을 100독하고 1년 만에 세례 받고 1906년 평양신학교에 들어가 1911년에 목사안수를 받고 한국교회 초대 대부흥사가 되었습니다.

말씀 속으로

1. 나를 따라 오너라

이스라엘은 세 지방으로 나눠져 있습니다. 유대 지방, 사마리아 지방, 그리고 갈릴리 지방입니다. 갈릴리 지방은 어촌으로 바다에서 고기잡이를 하며 사는 주로 서민들이 사는 지방입니다. 예수님은 사역 초기에 먼저 제자들을 찾으러 다니셨습니다. 예수님은 부자들이 사는 유다 지방에 가서 제자들을 찾지 않고 서민들이 사는 갈릴리 지방에 가서 제자들을 찾았습니다.

예수님은 베드로와 안드레, 야고보와 요한을 제자로 부르셨습니다. 그들은 무엇 하다가 부르심을 받았나요?

성경읽기/ 마태복음 4:18, 20 말씀을 읽고 말해봅시다.

2. 사람 낚는 어부가 되게 하리라

예수님은 할 일 없어 노는 사람을 제자로 부르지 않았습니다. 예수님은 자신의 일에 충실한 사람들을 제자로 부르셨습니다. 게으른 사람은 예수님의 제자가 될 수 없습니다.

하나님께서는 엿새 동안 힘써 일하라고 하셨습니다. 하나님은 열심히 일하는 자들을 찾으십니다. 예수님은 세관에서 일하는 마태를 찾아가서 제자로 부르셨습니다.(마 9:9) 엘리야는 밭에서 소를 몰고 일하는 엘리사를 찾아가서 제자로 삼았습니다.(왕상 19:19-21)

예수님을 믿는 사람들은 열심히 일해야 합니다. 회사에서도 성실히 일해야 하고 가정에서도 자신의 일에 성실해야 하지만 무엇보다도 주님의 일에 열심내야 합니다. 주님의 일에는 상급이 약속되어 있습니다.

예수님은 세상에 다시 오실 때 상을 가지고 와서 각 사람의 일한대로 갚아

주시겠다고 하셨습니다.(계 22:12)

성경읽기/ 예수님은 저들을 어떤 사람이 되게 하려고 부르셨으며 그 의미를 말해봅시다. 마태복음 4:19

3. 부름 받은 자의 결단

예수님이 베드로와 안드레를 부르셨을 때 그들은 배와 그물을 버려두고 예수님을 따라 갔습니다. 배와 그물은 고기 잡는데 절대적으로 필요한 것입니다. 고기 잡는 일은 저들의 직업입니다. 배와 그물은 재산목록 1호 입니다. 그런데 베드로와 안드레는 배와 그물을 버려두고 예수님을 따라 갔습니다. 야고보와 요한은 그물을 깁다가 예수님의 부름을 받고 배와 아버지를 버려두고 예수님을 따라 갔습니다.

우리는 이들의 모습에서 가치의 우선순위를 깨닫게 됩니다. 예수님을 믿고 따르는 것은 고기 잡는 일보다 더 중요하고 물질보다 더 소중하다는 사실을 교훈해 줍니다.

성경읽기/ 예수님의 부름을 받을 때 거절하는 자는 어디에 합당치 않는지 누가복음 9:62을 읽고 말해봅시다.

나가는 말

예수님을 따라 간 제자들은 인류역사에 길이길이 남는 위대한 인물들이 되었습니다. 베드로 안드레 야고보 요한은 예수님을 따라가지 않았다면 갈릴리 바닷가에서 평생 고기잡이 하다가 죽었을 것입니다. 그들의 이름은 그 시대 일부 동네 사람들이나 기억할 것이고 다음 세대에서는 아무도 기억하는 자가 없었을 것입니다. 그러나 예수님을 따라 간 저들은 예수님의 복음이 들어가는 나라마다 저들의 이름도 함께 전파됩니다. 온 인류가 우러러 보는 인물들이 된 것 입니다.

나눔의 시간

1. 오늘 말씀을 통하여 느낀 점을 말해봅시다.
2. 부름 받은 어부들은 자신들의 직업 재산 가정을 뒤로 하고 주님을 따라갔는데 오늘 나는 예수님과 회사 둘 중의 하나를 선택하라면 어떻게 할 것 같은가 나눠봅시다.

적용하기

오늘 말씀을 생활에 어떻게 적용할까 말해봅시다.

결단 및 합심기도.

1. 나는 무엇에 우선순위를 두고 사는가 생각하며 주님께 우선순위를 두지 못한 것들을 회개하며 모든 일에 우선순위를 주님께 둘 것을 다짐하며 기도합시다.
2. 우리 구역 부흥과 전도 대상자를 위하여 기도합시다.

감사 및 알림

헌금 및 기도, 교회소식, 구역소식, 다음 모임, 주기도

제2과 주님의 최후명령

- 본문/ 마태복음 28:19-20
- 인사/ 반갑습니다. 주님의 이름으로 축복합니다, 사랑합니다.
- 찬송/ 516, 511장
- 신앙고백 (기도)

말씀읽기

19 그러므로 너희는 가서 모든 민족을 제자를 삼아 아버지와 아들과 성령의 이름으로 세례를
베풀고 20 내가 너희에게 분부한 모든 것을 가르쳐 지키게 하라 볼지어다 내가 세상 끝날 까지
너희와 항상 함께 있으리라 하시니라

마음열기/ 조계사 안에서 전도한 목사

2011년 2월 11일 서울 종로구 조계사 대웅전 앞에서 대한민국 수호 국민연합 상임 대표 이태근 목사가 전도하다가 불구속 입건되었습니다. 그는 평소에도 서울 명동 거리와 절 앞에서 복음을 전했는데 절 안에서 전도해야겠다는 감동이 와서 날을 잡아 세 사람을 데리고 조계사 안으로 들어가 전도하다가 입건되었습니다.

그는 조계사에서 하나님이 세상을 창조하고, 예수님이 우리 죄를 위해 죽고 3일 만에 부활하고 승천했다는 진리를 전했습니다. 기자가 왜 조계사 안에 들어와서 확성기로 전도를 했냐고 묻자 "불교가 진리가 아니라는 것을 설득하고 예수를 안 믿으면 지옥에 간다는 것을 알리기 위해서 불교인들이 많이 모이는 절 안으로 들어가서 전도했다" 고 합니다. 그는 "전도하다 보면 유치장에 갈 수도 있고, 욕을 먹을 수도 있다. 사도바울도 그랬고 베드로도 그랬다. 내가 두려워할 게 뭐가 있나. 이렇게라도 진리를 전할 수 있어서 기쁘다" 고 하였습니다.

말씀 속으로

1. 제자를 삼으라

예수님께서 성육신 하신 것이 죄에 빠진 인류를 구원하기 위한 것이었다면 이 놀라운 구원의 소식, 말씀(Message)를 전할 일꾼을 훈련시키는 것은 그의 지상 사역의 중심이었습니다.

예수님은 12명의 제자를 택하여 훈련하셨고 그들을 통한 세계 복음화의 비전을 보셨습니다. 예수님은 구원사역을 이루시고 하늘로 가시기전 그의 제자들에게 너희도 가서 제자를 삼으라고 명령하셨습니다. 제자 삼기 위해 복음을 들고 가라고 하셨습니다. 이 명령은 주님의 최후 명령입니다. 이 명령을 하신 분은 전 우주의 권세를 가지신 예수 그리스도십니다. 그러므로 예수님을 믿는 사람들은 본인이 제자가 되고 복음을 전하여 제자 삼는 일을 해야 합니다.

성경읽기/ 마태복음 4:19을 읽고 예수님은 누구를 제자 삼으라고 하셨나요? 오늘 우리에게 적용해서 말해봅시다.

2. 가르쳐 지키게 하라

제자란 글을 배우고 학문을 배우는 사람이 아닙니다. 글을 배우고 학문을 배우는 사람은 학생입니다. 제자는 학생과는 달리 스승을 배우고 닮아가는 사람입니다. 제자 삼는 방법은 내가 예수님을 본받아 살며 복음을 전하여 가르치고 지키게 하는 데 있습니다. 가르치는 데 끝나지 않고 그것을 지키게 하여야 합니다.

오늘 세상 사람들이 예수 믿는 사람들을 비난하고 욕하는 경우가 많이 있습니다. 이는 예수님을 믿는다고 하면서 예수님의 말씀을 따라 살지 않고 있기 때문입니다. 제자가 되는 길은 예수님의 말씀을 따라 사는 것입니다. 예수님은 입술로만 주여 주여 한다고 다 천국에 들어가는 것이 아니고 내 아버지의 뜻대로 행하는 자라야 들어간다고 하셨습니다.(마 7:21)

성경읽기/ 예수님을 믿는다고 하면서 행함이 없다면 어떤 믿음이라고 하였는지 야고보서 2:17을 읽고 말해봅시다.

3. 함께 있으리라

예수님은 최후명령을 하신 다음 말씀을 지키는 자들과 세상 끝날까지 함께 있겠다는 약속을 하셨습니다. 어린 자녀는 부모와 함께 있으면 아무 걱정할 것이 없습니다. 부모가 모든 것을 해줄 줄 알기 때문입니다.

하나님께서는 여호수아에게도 하나님의 말씀을 다 지켜 행하면 어디로 가든지 형통하고 어디로 가든지 함께 하리라고 하셨습니다.(수 1:7-9) 하나님이 함께 하시고 주님이 함께 하시는 것이 가장 큰 복입니다. 요셉은 애굽에 노예로 팔려 갔으나 하나님이 함께 하므로 가는 곳마다 형통하였고 하는 일마다 형통하였습니다.(창 39:2-3)

예수님이 함께 하실 때 우리도 형통한 자가 될 수 있습니다.

예수님이 나와 함께 계시게 하려면 내가 예수님의 최후 명령을 순종해야 합니다.

성경읽기/ 이사야 41:10을 읽고 왜 두려워 말라고 하는지 말해봅시다.

나가는 말

예수님의 3년간의 지상 사역 중 가장 핵심 사역은 제자를 세우는 사역이었습니다. 제자 삼는 사역을 통하여 세계 복음화의 비전을 보셨습니다.

오늘도 예수 믿는 사람은 많지만 주님을 따라 사는 사람은 많지 않습니다.

예수님은 복음을 전하고 가르쳐 제자를 삼으라고 명령하고 가셨습니다.

우리는 예수님을 따르는 제자가 되고 제자 삼는 일을 해야 합니다.

우리 구역 식구들 모두가 예수님을 본받는 제자가 되어 예수님의 비전을 계속 이루어 가야 합니다.

나눔의 시간

1. 오늘 말씀을 통하여 느낀 점을 말해봅시다.
2. 제자가 되기 위하여 나는 어떻게 해야 할 것인가를 말해봅시다.

적용하기

오늘 말씀을 생활에 어떻게 적용할까 말해봅시다.

결단 및 합심기도

1. 예수님은 모든 족속으로 제자를 삼으라고 최후의 명령을 하셨는데 말씀대로 실천하지 못한 것을 회개하며, 말씀대로 실천할 것을 다짐하며 기도합시다.
2. 구역부흥과 전도 대상자를 위하여 기도합시다.

감사 및 알림

헌금 및 기도, 교회소식, 구역소식, 다음 모임, 주기도.

제3과 주님이 세우신 교회

- 본문/ 마태복음 16:16-18
- 인사/ 반갑습니다. 주님의 이름으로 축복합니다, 사랑합니다.
- 찬송/ 210, 208장
- 신앙고백 (기도)

말씀읽기

16 시몬 베드로가 대답하여 이르되 주는 그리스도시요 살아 계신 하나님의 아들이시니이다
17 예수께서 대답하여 이르시되 바요나 시몬아 네가 복이 있도다 이를 네게 알게 한 이는 혈육
이 아니요 하늘에 계신 내 아버지시라
18 또 내가 네게 이르노니 너는 베드로라 내가 이 반석
위에 내 교회를 세우리니 음부의 권세가 이기지 못하리라

생각하기/ 끝까지 교회에 남아 순교한 손양원 목사

한국이 낳은 세계적인 사랑의 사도 손양원 목사는 여수 애양원과 애양원 교회에서 한센병(문둥병)을 앓고 있던 성도들의 피고름을 짜고 입으로 빨아내면서 목회를 하였습니다. 6.25가 터지고 북한군이 몰려오자 손양원 목사님을 피신시키기 위해서 애양원에서 조금 떨어진 해변에 배를 대기하고 빨리 피신가라고 하였지만 내가 교회와 고통에 시달리고 있는 나환자들을 두고 어떻게 나만 살겠다고 피난을 갈수 있겠는가 하며 끝까지 교회에 남아 목회하다가 1950년 9월 13일 공산군에 붙잡혀서 여수 미평동에서 총살 순교를 당하셨습니다.

말씀 속으로

1. 교회는 하나님의 집입니다.

교회는 하나님의 집입니다. 사람이 집을 중심으로 생활하듯이 하나님은 교회에 임재하시며 교회를 중심으로 일하십니다.

모세 시대에는 성막을 짓고 성막에서 하나님을 섬겼고 솔로몬 시대에는 성전을 짓고 성전에서 하나님을 섬겼으며 예수님 이후에는 교회에서 하나님을 섬기고 있습니다. 성전이나 성막은 하나님이 임재하시는 곳이였습니다. 하나님이 임재하지 않으면 성전이나 성막이 될 수 없습니다. 하박국 선지자는 "오직 여호와는 그 성전에 계시니 온 천하는 그 앞에 잠잠할 지니라" 고 하였습니다.(합 2:20) 다윗은 사람이 내게 말하기를 여호와의 집에 올라가자 할 때 내가 기뻐하였다고 했습니다.(시 122:1) 우리는 교회 올 때 기뻐하며 와야 합니다. 하나님을 만나러 오는 것이기 때문입니다.

성경읽기/ 다음 말씀을 읽고 성전이나 교회를 어떻게 말하고 있는지 교훈을 찾아봅시다. * 시84:4 * 삿18:31 * 딤전3:15

2. 교회는 주님의 몸입니다.

성경은 "예수님은 교회의 머리시며(골 1:18) 교회는 그의 몸이라" (엡 1:23) 고 하였습니다. 그리고 우리 예수님을 믿는 자들은 몸에 붙어있는 지체라고 하였습니다.(엡 5:30) 몸과 머리와 지체는 떨어질 수가 없습니다. 만일 떨어지게 되면 죽습니다. 성도가 교회를 떠나게 되면 영적으로 죽게 되고 지옥가게 됩니다. 예수님은 이것을 나무와 가지와의 관계로 설명해 주셨습니다.(요 15:1-7) 가지는 나무에서 떨어지면 그 순간 죽게 됩니다. 물고기가 물을 떠나면 죽듯이 우리는 주님의 몸인 교회를 떠나면 죽게 됩니다. 그러므로 어떤 어려움과 고난이 닥칠지라도 교회를 사랑하며 교회생활에 충실해야 합니다. 교회를 사랑하는 것은 주님을 사랑하는 것입니다. 주님을 사랑하면 주님의 사랑과 축복을 받습니다(잠 8:17) 우리는 날마다 주님과 함께 주님 안에서 살아가야 합니다.

성경읽기/ 요한복음 15:5-6을 읽고 주시는 교훈에 대하여 말해봅시다.

3. 교회는 음부의 권세가 이기지 못합니다.

예수님은 이 반석 위에 내 교회를 세우리라고 하셨습니다. 이 반석이란 베드로의 신앙고백을 말합니다. 천주교에서는 반석을 베드로라고 말하며 베드로 위에 교회를 세운다고 해서 베드로를 초대 교황으로 여깁니다. 베드로위에 교회를 세웠으면 교회는 벌써 무너졌습니다. 베드로는 예수님을 세 번이나 부인했습니다. 또한 실수도 많았습니다.

반석은 베드로 자신이 아니라 베드로가 고백한 신앙을 말합니다. 예수님을 주로 믿고 하나님의 아들로 믿는 신앙이 반석입니다. 이 신앙을 가진 성도들의 모임이 교회입니다. 그러므로 이 신앙고백을 하는 교회를 음부의 권세인 사단 마귀가 무너뜨리지 못합니다.

지상의 교회가 환란, 박해를 받고 성도들이 고난을 당하고 순교를 당하는 경우는 많습니다. 그러나 교회는 갈수록 확장되고 성도 수는 세계적으로 늘어나고 있습니다. 교회는 최후 승리를 얻게 됩니다.

성경읽기/ 디모데전서 3:15을 읽고 바울은 교회를 무엇이라고 했는가 말해봅시다 .

나가는 말

교회는 세상에서 가장 중요한 곳이요 교회의 모임은 가장 존귀한 모임입니다. 우리가 교회에 나오는 것은 하나님 앞에 나오는 것입니다. 성도는 교회중심의 삶을 살아야 합니다. 교회와 멀어지게 되면 주님과 멀어지고 하나님과 멀어지게 됩니다. 시인은 하나님을 가까이 함이 내게 복이요 하나님을 멀리하면 망한다고 하였습니다.(시편 73:26-27)

우리는 교회를 사랑하고 교회를 위해 섬기며 교회중심의 삶을 살므로 복 있는 자들이 됩시다.

나눔의 시간

1. 오늘 말씀을 통하여 느낀 점을 말해봅시다.
2. 나는 하나님의 집에 올 때 어떤 마음으로 오는가 나눠 봅시다.

적용하기

오늘 말씀을 생활에 어떻게 적용할까 말해봅시다.

결단 및 합심기도

1. 교회 올 때 기쁨으로 나오지 못한 것과 교회를 사랑하지 못한 것을 회개하며 교회를 더욱 사랑하며 교회중심의 삶을 살 것을 다짐하며 기도합시다.
2. 구역 부흥과 전도 대상자를 위해 기도합시다.

감사 및 알림

헌금 및 기도, 교회소식, 구역소식, 다음 모임, 주기도

제4과 교회의 사명

- 본문/ 사도행전 2:42-47
- 인사/ 반갑습니다. 주님의 이름으로 축복합니다, 사랑합니다.
- 찬송/ 218, 330장
- 신앙고백 (기도)

말씀읽기

42 그들이 사도의 가르침을 받아 서로 교제하고 떡을 떼며 오로지 기도하기를 힘쓰니라 43 사
람마다 두려워하는데 사도들로 말미암아 기사와 표적이 많이 나타나니 44 믿는 사람이 다 함
께 있어 모든 물건을 서로 통용하고 45 또 재산과 소유를 팔아 각 사람의 필요를 따라 나눠 주
며 46 날마다 마음을 같이하여 성전에 모이기를 힘쓰고 집에서 떡을 떼며 기쁨과 순전한 마음
으로 음식을 먹고 47 하나님을 찬미하며 또 온 백성에게 칭송을 받으니 주께서 구원 받는 사람
을 날마다 더하게 하시니라

생각하기/ 교회에 대한 비난

때때로 언론이나 사람들로부터 교회가 교회로서의 책임과 사명을 다하지 못한다는 지적과 비난의 소리를 들을 때가 있습니다. 물론 지상에는 많은 종파 많은 교회들이 있다 보니 사이비 이단 교회들도 있고 잘못된 교회들도 있기에 비난을 듣는 경우도 있습니다. 그러나 교회의 기능과 사명을 잘못 알므로 비난을 하는 수도 있습니다. 오늘 말씀에는 이상적인 초대교회의 아름다운 모습이 소개되고 있습니다. 교회는 어떤 기능과 사명이 있을까요?

말씀 속으로

1. 교회는 예배 드리는 일을 합니다.

초대교회 성도들이 모여 기도하고 찬양하고 교제하는 것은 예배의 행위입니다.

교회의 가장 중요하고 첫째 되는 임무는 하나님께 예배드리는 일입니다. ① 예배는 하나님을 섬기는 행위요 ② 하나님과의 만남이며 ③ 하나님을 영화롭게 하는 일입니다. ④ 하나님께서는 예배를 통하여 우리에게 찾아오시고 말씀하시며 ⑤ 우리는 예배를 통하여 하나님께 나아가며 하나님을 만납니다. 하나님을 섬기는 자는 반드시 하나님께 나아와 예배를 드려야 합니다.

성경읽기/ 요한복음 4:23에서 하나님은 어떤 자를 찾으신다고 하였나요?

2. 교회는 가르치는 일을 합니다.

초대교회는 모일 때마다 사도들의 가르침이 있었습니다. 교회에서는 말씀을 가르치는 것이 중요한 사명입니다. 교회는 성도들에게 하나님과 예수님, 천국과 지옥, 영원세계에 대하여 가르칠 뿐만 아니라 어떻게 하나님을 섬겨야 하는가에 대하여 하나님을 섬기는 법을 가르치며(시 34:11) 천국 백성으로서의 삶을 가르칩니다.(마5장-7장)

교회 교육은 세상 교육과 다릅니다. 교회에서는 인간의 바른 삶, 바른 목표, 바른 가치관을 가르칩니다. 또한 바른 국가관, 인생관, 세계관을 가르칩니다. 그리고 인간이 어떻게 행복해 질 수 있으며 영원토록 복을 받을 수 있는가에 대하여 가르칩니다. 예수님은 제자들에게 "내가 너희에게 분부한 모든 것을 가르쳐 지키게 하라" 고 하였습니다.(마 28:20)

성경읽기/ 바울은 디모데에게 무엇에 전념하라고 하였나요? 딤전 4:13
다윗은 무엇을 가르치겠다고 하였나요? 시34:11

3. 전도와 선교하는 일입니다.

전도란 지옥 가는 사람을 천국 길로 인도하는 것입니다. 예수를 믿지 않으면 모두 죄 값으로 지옥가게 됩니다. 예수님은 그들을 전도하여 살려내라고 이 땅에 교회를 세우셨습니다. 사람을 살리는 일보다 더 중요하고 시급한일은 없습니다. 선교와 전도하는 일은 모든 성도가 힘써야 할 주님의 명령이요 사명입니다.

예수님은 누구에게 어디에서 복음을 전파하라고 하셨으며 어떤 사람이 구원을 받는다고 하였나요?

성경읽기/ 마가복음 16:15-16을 읽고 말해봅시다.

4. 구제와 봉사하는 것입니다.

교회는 교회내의 어려운 자들을 돌아보고 도와줄 뿐만 아니라 이웃의 고난당한 자와 불우한 자들에게 사랑을 실천하며 봉사할 사명을 가지고 있습니다. 오늘 우리나라에 고아원이나 양로원 또는 지체 부자유자들의 단체나 어려운 단체들의 대부분은 교회에서 세웠거나 교회의 지원을 받고 있습니다. 많은 교회에서는 구제와 봉사하는 일에 힘쓰고 있습니다. 모든 그리스도인들은 개인적으로도 구제하는 삶을 살아야 하지만 교회를 통하여 구제하는 일에 동참해야 합니다.

성경읽기/ 베드로전서 4:10을 읽고 성도는 어떻게 봉사하라고 하였나 말해봅시다.

나가는 말

교회는 예배 드리고 교육하며 전도와 선교를 하고 교제하며 봉사하는 것이 주요 사명입니다. 우리는 교회가 이 사명을 감당하도록 함께 동역해야 합니다. 이 사명은 누가 와서 해주는 것이 아니라 우리가 해야 하는 일입니다. 교회가 사명을 감당할 때 세상의 빛이 되고 소금이 되어 세상을 변화시킵니다. 교회를 사랑하고 사명을 잘 감당하면 큰 복을 받습니다. 교회를 사랑하고 사명을 잘 감당하므로 하나님의 큰 축복을 받는 제자들이 됩시다.

나눔의 시간

1. 오늘 말씀을 통하여 느낀 점을 말해봅시다.
2. 나는 교회의 지체로서 교회의 사명을 감당하고 있는지 말해봅시다.

적용하기

오늘 말씀을 생활에 어떻게 적용할까 말해봅시다.

결단 및 합심기도

교회의 사명을 잘 감당하지 못한 것을 회개하며 사명을 잘 감당할 것을 다짐하며 기도하고 구역부흥과 전도 대상자를 위하여 기도합시다.

감사 및 알림

헌금 및 기도, 교회소식, 구역소식, 다음 모임, 주기도

제5과 예배의 중요성

- 본문/ 요한복음 4:23-24
- 인사/ 반갑습니다. 주님의 이름으로 축복합니다, 사랑합니다.
- 찬송/ 28, 40장
- 신앙고백 (기도)

말씀읽기

23 아버지께 참되게 예배하는 자들은 영과 진리로 예배할 때가 오나니 곧 이 때라 아버지께서는 자기에게 이렇게 예배하는 자들을 찾으시느니라 24 하나님은 영이시니 예배하는 자가 영과 진리로 예배할지니라

생각하기/ 2천원

어느 교회의 목사님은 자기 아버지께서 예배 때마다 맨 앞에 앉아서 꾸벅꾸벅 졸아 교인들 보기에 민망하여 견딜 수가 없었다고 합니다. 묘안을 생각해 낸 목사님은 어린 아들에게 부탁을 했습니다. "얘야 네가 할아버지 옆에 있다가, 조시면 쿡쿡 찔러서 깨워 드려라. 그러면 아빠가 천원을 주마." 목사님의 아들은 할아버지가 졸 때마다 열심히 깨워 드렸습니다. 예배가 끝나자 목사님은 아들에게 잘했다며 돈 천원을 주었습니다. 다음 주일이 되었습니다. 그런데 할아버지가 졸고 있는데도 깨우지 않는 겁니다. 예배가 끝나자 목사님은 아들에게 물었습니다. "왜 할아버지를 깨우지 않았니? "할아버지가 안 깨우면 이천 원 준다고 하셨어요!"

말씀 속으로

1. 예배는 하나님을 섬기는 일입니다.

예배란 말은 구약에는 '아바드' 입니다. 이 말은 봉사 혹은 섬김을 의미합니다. 이는 또한 '굴복하다,엎드리다' 라는 뜻을 가지고 있습니다. 하나님께 굴복하며 엎드리는 자세를 의미합니다. 신약에서는 '프로스퀴네오' 란 단어인데 '경배하다' 란 의미를 가지고 있습니다. 오늘날 우리가 하나님께 드리는 경배의 섬김을 의미합니다.

하나님께서 우리 인간이 보이지 아니한 하나님을 섬기는 방법이 제사 ,예배입니다. 그러므로 하나님을 섬기는 사람은 반드시 하나님께 예배를 드려야 합니다. 예배가 없는 자는 하나님을 섬기는 자가 아니며 하나님을 섬긴다고 해도 이는 죽은 신앙입니다. 예배는 신앙의 표현입니다. 사람의 신앙은 예배를 통하여 나타납니다. 성도의 신앙생활의 중심은 예배입니다. 예배는 성도가 하나님께 드리는 최고의 행위이며 가장 중요한 일입니다. 성도의 한 주일의 삶은 주일 예배를 기점으로 시작되는 것입니다. 그러므로 성도들은 집안일이나 사업이나 오락 취미생활 등으로 예배에 빠지는 일이 없도록 미리 미리 준비하여야 합니다.

성경읽기/ 여호수아 22:5을 읽고 하나님을 어떻게 섬겨야 하는지 말해봅시다.

2. 예배는 하나님과의 만남과 교제입니다.

하나님은 영이시기에 인간의 육안으로는 볼 수가 없습니다. 예배하는 곳에 하나님은 영으로 임하십니다. 하나님과의 교제가 잘 이루어지는 자는 신앙이 살아있는 신앙이고 하나님과의 만남과 교제가 없는 사람은 신앙이 죽었거나 병들어 있는 상태입니다.

성도는 예배 시간에 기도와 찬양과 감사와 예물로 우리의 마음과 생각과 뜻을 하나님께 드리고 하나님께서는 말씀과 성령의 은혜로 우리에게 찾아오셔서 말씀하시며 위로하시고 힘을 주시며 은혜를 주십니다.

성경읽기/ 마태복음 18:20을 읽고 예수님은 어디에 있으리라고 하였는지 말해봅시다.

3. 예배란 믿음의 표현입니다.

예배는 보는 것이 아니고 하나님께 드리는 것입니다. 하나님의 이름에 합당한 감사 찬양 영광을 돌려드리는 것이 예배입니다.

현대 그리스도인들 중에는 사업을 목적으로 교회에 가는 사람도 있고 장사하는데 도움을 얻을까 하여 가는 사람들도 있습니다. 또한 정치적인 목적을 가지고 가는 사람도 있고 아름다운 찬양을 듣기 위해 가는 사람도 있습니다. 어떤 분은 설교 가운데서 축복을 받기 위해 교회에 나가기도 합니다. 이는 예배의 본질을 벗어난 것입니다. 우리는 하나님을 예배하기 위해서 교회에 가야 합니다. 예배는 얻는 것이 아니라 드림으로써 행해지는 것입니다. 예배는 몸과 마음과 정성과 물질과 온 힘을 다해 하나님께 존경과 경의를 드리는 것입니다.

존 맥아더는 "예배는 하나님께 드리고자 하는 간절한 소원"이라고 하였습니다. 예배는 단순히 형식을 갖추고 순서를 진행하는 것이 아니라 최상의 존재에게 최고의 경의를 표하며 최고의 찬양과 영광을 드리는 것입니다. 예배는 성도의 삶의 중심이요 기독교의 핵심이다.

성경읽기/ 히브리서 11:4 말씀을 읽고 어떻게 예배를 드려야 할지 말해봅시다.

나가는 말

어느 신학자는 "하나님을 예배하기 위해 모이는 것이야 말로 전 신앙의 여정에 있어서 핵심이며 전제이다"라고 하였으며 "예배는 교회의 현현이다"라고 하였습니다. 예배는 교회의 존재 이유이자 목적입니다. 아벨은 가인보다 더 나은 제사를 하나님께 드림으로 의로운 자라 하시는 증거를 얻었습니다. 더 나은 제사를 드리는 것이 의로운 자입니다.

예배는 드림입니다. 우리의 삶 전체를 하나님께 제물로 드리는 것입니다. 또한 예배는 생활입니다. 하나님의 뜻대로 실천하며 사는 생활 자체가 예배입니다. 하나님께서 지금 우리에게도 요구하시는 것은 교회 중심, 예배 중심의 삶을 원하십니다.

나눔의 시간

1. 오늘 말씀을 통하여 느낀 점을 말해봅시다.
2. 나는 예배를 어떻게 드리고 있는지 서로 말해봅시다.

적용하기

오늘 말씀을 생활에 어떻게 적용할까 말해봅시다.

결단 및 합심기도

1. 예배를 소홀히 여기며 잘못 드린 것들이 있으면 회개하며 예배에 정성을 다할 것을 다짐하며 기도합시다.
2. 우리 구역부흥과 전도 대상자를 위하여 기도합시다.

감사 및 알림

헌금 및 기도, 교회소식, 구역소식, 다음 모임, 주기도

제6과 왜 예배를 드려야 하는가?

- 본문/ 역대상 16:25-29
- 인사/ 반갑습니다. 주님의 이름으로 축복합니다, 사랑합니다.
- 찬송/ 38, 29장
- 신앙고백 (기도)

말씀읽기

25 여호와는 위대하시니 극진히 찬양할 것이요 모든 신보다 경외할 것임이여 26 만국의 모든
신은 헛것이나 여호와께서는 하늘을 지으셨도다 27 존귀와 위엄이 그의 앞에 있으며 능력과
즐거움이 그의 처소에 있도다 28 여러 나라의 종족들아 영광과 권능을 여호와께 돌릴지어다
여호와께 돌릴지어다 29 여호와의 이름에 합당한 영광을 그에게 돌릴지어다 제물을 들고 그
앞에 들어갈지어다 아름답고 거룩한 것으로 여호와께 경배할지어다

생각하기/ 빈자리

전에 아는 목사님이 "이번 주일에 또 자리가 많이 비겠다." 고 하며 "목사님 교회는 연휴에 교인들 참석률이 어떠냐고 물으며 본인 교회는 연휴가 되면 자리가 많이 빈다고 하였습니다. 이제 우리나라도 주5일 근무제가 본격적으로 시행됩니다. 주5일 근무제가 시행되면 주일마다 교회 좌석이 텅텅 비지 않을까 걱정을 합니다. 교회는 철저한 주일성수와 예배의 본질과 중요성을 가르쳐야 합니다. 주일성수와 예배는 믿음의 기초입니다. 기초가 부실하면 건물이 붕괴되듯 주일성수와 예배가 소홀해지면 믿음이 무너집니다. 그리스도인들은 목숨 걸고 주일성수하며 예배를 드려야 합니다. 예배가 살아야 자신이 살게 됩니다.

말씀 속으로

1. 예배 드리는 것은 인간의 본분입니다.

사람은 하나님을 섬기도록 지음을 받았습니다. 그런데 범죄한 인간들은 하나님 대신 우상을 섬겨 왔습니다. 하나님은 우상숭배를 제일 싫어 하십니다. 하나님은 나 외에는 다른 신을 섬기지 말라고 명하셨습니다.(출 20:3) 다른 신은 신이 아니고 모두 하나님이 만드신 피조물이요 미신이며 잡신들이기 때문입니다. 그래서 하나님을 섬기는 자들에게는 복을 약속하셨고 우상을 섬기는 자들에게는 화를 명하셨습니다. "무리가 나를 버리고 다른 신에게 분양하며 자기 손으로 만든 것들에 절하였은즉 내가 나의 심판을 그들에게 선고하여 그들의 모든 죄악을 징계하리라"(렘 1:16) 이스라엘 백성은 하나님을 바르게 섬기지 않고 우상을 섬기다가 결국 멸망을 당했습니다.(애 1:3)

성경읽기/ 전도서 12:13을 읽고 지혜의 왕 솔로몬은 무엇이 인간의 본분이라고 하였는지 말해봅시다.

2. 구원받은 하나님의 백성이므로 하나님을 예배합니다.

시편의 기자는 다음과 같이 권면하고 있습니다. "기쁨으로 여호와를 섬기며 노래하면서 그 앞에 나아갈지어다. 여호와가 우리 하나님이신 줄 너희는 알지어다. 그는 우리를 지으신 자시요 우리는 그의 것이니 그의 백성이요 그의 기르시는 양이로다 감사함으로 그 문에 들어가며 찬송함으로 그 궁정에 들어가서 그에게 감사하며 그 이름을 송축할지어다."(시 100:2-4)

인간의 제일 되는 목적은 하나님의 영광입니다. 하나님이 언제 영광을 받으십니까? 하나님을 인정할 때입니다. 하나님을 인정하는 방법은 예배입니다. 시인은"감사로 제사를 드리는 자가 나를 영화롭게 하나니 그의 행위를 옳게 하는 자에게 내가 하나님의 구원을 보이리라"(시 50:23)고 하였습니다. 하나님의 백성은 예배를 통하여 하나님의 임재를 경험하고, 사죄를 체험하며, 구원을 확신하고 힘을 얻어야 세상에 나아가 승리하는 삶을 살 수 있습니다. 예배의 찬송, 기도, 봉헌, 설교, 교제, 광고 모두가 하나님의 임재의 체험이 되어야 합니다.

성경읽기/ 시편 100:2을 읽고 어떻게 하나님을 섬기라고 하였는지 말해봅시다.

3. 하나님께서 예배하라고 하셨습니다.

"이스라엘아 네 하나님 여호와께서 네게 요구하시는 것이 무엇이냐 곧 네 하나님 여호와를 경외하여 그 모든 도를 행하고 그를 사랑하며 마음을 다하고 성품을 다하여 네 하나님 여호와를 섬기고"(신 10:12)

여호수아는 세상을 떠나기 전에 이스라엘의 지도자들을 불러모아 놓고 마지막 유언을 남길 때 이스라엘 백성들에게 결단을 촉구하기를 "그러므로 이제는 여호와를 경외하며 성실과 진정으로 그를 섬길 것이라 너희의 열조가 강 저편과 애굽에서 섬기던 신들을 제하여 버리고 여호와만 섬기라"(수 24:14)고 했습니다.

성경읽기/ 여호수아 24:15 말씀을 읽고 여호수아는 누구만 섬기겠다고 고백하였는지 찾아보면서 자신들의 결심을 말해봅시다.

나가는 말

예배 드리는 것은 인간의 본분입니다. 예배는 하나님과의 만남이요 하나님을 섬기는 행위입니다. 예배가 바르게 드려질 때 예배를 통해 교회가 교회 되고 성도가 성도 되는 것입니다. 하나님과의 산 교제가 참된 기쁨입니다.

우리는 역동성과 경건성을 갖춘 하나님의 임재를 체험하는 예배를 드려야 합니다. 성도는 세상 사는 동안 하나님의 백성으로 하나님께 예배하는 삶을 살아야 합니다.

나눔의 시간

1. 오늘 말씀을 통하여 느낀 점을 말해봅시다.
2. 나는 예배를 잘 드리고 있는지 한 주에 몇 번 정도 예배를 드리고 있는지 서로 말해봅시다.

적용하기

오늘 말씀을 생활에 어떻게 적용할까 말해봅시다.

결단 및 합심기도

주일에 예배를 뒤로 하고 다른 일 본 것이 있으면 회개하며 예배 시간 빠지지 않을 것을 다짐하며 기도하고 우리 구역부흥과 전도 대상자를 위하여 기도합시다.

감사 및 알림

헌금 및 기도, 교회소식, 구역소식, 다음 모임, 주기도

제7과 하나님이 받으시는 예배

- 본문/ 시편 51:17-19
- 인사/ 반갑습니다. 주님의 이름으로 축복합니다, 사랑합니다.
- 찬송/ 187, 304장
- 신앙고백 (기도)

말씀읽기

17 하나님께서 구하시는 제사는 상한 심령이라 하나님이여 상하고 통회하는 마음을 주께서 멸
시하지 아니하시리이다 18 주의 은택으로 시온에 선을 행하시고 예루살렘 성을 쌓으소서 19
그 때에 주께서 의로운 제사와 번제와 온전한 번제를 기뻐하시리니 그 때에 그들이 수소를 주
의 제단에 드리리이다

생각하기/ 잘못드린 예배

예배는 하나님을 섬기는 예식입니다. 하나님께는 예배하는 자를 찾으십니다. 하나님은 예배하는 자를 보고 계시며 잘못 드리는 예배는 받지 않으십니다. 가인과 아벨이 예배를 드렸으나 아벨의 예배는 받으시고 가인의 예배는 받지 않으셨습니다. 아론의 아들인 나답과 아비후는 다른 불로 제사를 드리다가 죽임을 당하게 됩니다.(레10:1-2) 하나님은 형식적인 예배나 외식과 가식적인 예배 또는 잘못 드리는 예배는 받지 않습니다.

우리는 하나님이 받으시는 예배를 드려야 합니다. 하나님이 받으시는 예배는 어떤 예배일까요?

말씀 속으로

1. 영적인 예배를 받으십니다.

예배에는 두 가지가 있습니다. 영적인 예배와 육적인 예배입니다. 또는 참된 예배와 거짓된 예배입니다. 하나님의 말씀을 들을 때 자기 마음에 맞는 것만 받아 들이고 마음에 맞지 않는 것은 배격하는 것은 진정한 예배가 아닙니다. 참 예배는 영적으로 드리는 예배입니다. 신령이란 말은 영적으로라는 뜻입니다. 하나님은 영이십니다. 하나님께 예배드리는 사람은 영적으로 예배를 드려야 합니다. 하나님은 영적으로 예배드리는 사람을 찾으십니다.

성경읽기/ 로마서 12:1을 읽고 어떻게 드리는 제사가 영적 예배라고 하였는지 말해 보며 적용해 봅시다.

2. 진실된 예배를 받으십니다.

참된 예배는 진정으로 드리는 예배입니다. 진정이란 말은 진리란 뜻입니다. 진리로 예배를 드리라는 말은 하나님께 대한 참된 믿음을 가지고 예배를 드리라는 말입니다. 하나님은 사랑이십니다. 하나님은 빛이십니다. 하나님은 아버지십니다. 하나님은 영이십니다. 이와 같은 진리를 바로 알고 믿고 예배를 드리는 것입니다. 또한 진리의 예배는 예수님을 통해 드리는 예배입니다. 예수님이 진리이십니다.(요 14:6)

예배의 모든 순서가 예수님의 이름으로 드려져야 합니다. 예수님의 이름으로 찬송을 부르고 예수님의 이름으로 기도하고 예수님의 이름으로 헌금을 봉헌해야 그 예배가 바른 예배이고 하나님께 상달됩니다. 예수님이 없는 예배는 예배가 아닙니다.

또한 진리로 예배 드리라는 말은 외식과 형식이 아닌 진실, 진정으로 드리는 예배입니다. 입으로는 찬송을 부르지만 마음은 딴 생각을 하면 바른 예배가 아닙니다. 기도 드린다고 머리는 숙이고 눈은 감고 있으나 다른 생각을 하고 있으면 진정으로 드리는 예배가 아닙니다.

설교를 들을 때 딴 생각을 하거나 속으로 불평을 하며 자기 생각과 사색에 잠겨 있는 것은 진정으로 드리는 예배가 아닙니다.

나눔/ 나는 예배시간에 찬송할 때나 기도시간에 또는 설교시간에 다른 생각한 적이 있는지 이야기해 봅시다.

3. 하나님은 온전한 제사를 받으십니다.

하나님은 의로운 제사와 온전한 번제를 기뻐하신다고 하였습니다.(시 51:19) 온전한 제사란 흠 없는 제사를 말합니다. 마음과 정성과 뜻을 다하여 드리는 예배가 온전한 예배입니다. 히브리서 기자는 하나님께 나아갈 때 "참마음과 온전한 믿음으로 하나님께 나아가자"(히 10:22) 고 하였습니다

하나님은 정성 없는 예배나 흠 있는 제사는 받으시지 않습니다.

"만군의 여호와가 이르노라 너희가 눈 먼 희생제물을 바치는 것이 어찌 악하지 아니하며 저는 것, 병든 것을 드리는 것이 어찌 악하지 아니하냐. 이제 그것을 너희 총독에게 드려 보라 그가 너를 기뻐하겠으며 너를 받아 주겠느냐 만군의 여호와가 이르노라 너희는 나 하나님께 은혜를 구하면서 우리를 불쌍히 여기소서 하여 보라 너희가 이같이 행하였으니 내가 너희 중 하나인들 받겠느냐 만군의 여호와가 이르노라 너희가... 훔친 물건과 저는 것, 병든 것을 가져왔느니라. 너희가 이같이 봉헌물을 가져오니 내가 그것을 너희 손에서 받겠느냐"(말 1:8-9.13)

성경읽기/ 시편 51:17을 읽고 다윗은 하나님이 구하시는 제사는 무엇이라고 하였는지 말해봅시다.

나가는 말

하나님을 믿는 하나님의 자녀에게 가장 중요한 일은 하나님께 예배 드리는 일입니다. 하나님께서는 예배시간에 우리에게 새 힘을 주시며 위로와 소망과 확신과 참된 축복을 주십니다.

그러므로 여러 가지 바쁜 일이 있어도 먼저 예배 드리는 일에 우선순위를 두는 것이 성도의 바른 신앙입니다. 우리는 항상 예배에 승리자가 되도록 힘씁시다.

나눔의 시간

1. 오늘 말씀을 통하여 느낀 점을 말해봅시다.
2. 예배 시간마다 온전한 예배를 드리고 있는지 서로 말해봅시다.

적용하기

오늘 말씀을 생활에 어떻게 적용할까 말해봅시다.

결단 및 합심기도

1. 온 맘과 뜻과 정성 다해 온전한 영적인 예배를 드리지 못한 것을 회개하며 하나님이 받으시는 온전한 예배를 드릴 것을 다짐하며 기도합시다.
2. 우리 구역부흥과 전도 대상자를 위하여 기도합시다.

감사 및 알림

헌금 및 기도, 교회소식, 구역소식, 다음 모임, 주기도

제8과 예배의 요소

- 본문/ 사도행전 2:42-47
- 인사/ 반갑습니다. 주님의 이름으로 축복합니다, 사랑합니다.
- 찬송/ 284, 305장
- 신앙고백 (기도)

말씀읽기

42 그들이 사도의 가르침을 받아 서로 교제하고 떡을 떼며 오로지 기도하기를 힘쓰니라 43 사
람마다 두려워하는데 사도들로 말미암아 기사와 표적이 많이 나타나니 44 믿는 사람이 다 함
께 있어 모든 물건을 서로 통용하고 45 또 재산과 소유를 팔아 각 사람의 필요를 따라 나눠 주
며 46 날마다 마음을 같이하여 성전에 모이기를 힘쓰고 집에서 떡을 떼며 기쁨과 순전한 마음
으로 음식을 먹고 47 하나님을 찬미하며 또 온 백성에게 칭송을 받으니 주께서 구원 받는 사람
을 날마다 더하게 하시니라

생각하기/ 구약의 제사와 신약의 예배

구약시대에는 하나님을 섬기는 방법으로 제사를 드렸습니다. 제사는 양이나 염소 등 짐승을 잡아 피를 흘리고 제단에 불태워 드립니다. 이 같은 제사는 예수님 당시까지도 행하여졌습니다. 그러나 예수님 이후 신약시대에는 짐승의 제사를 드리지 않고 예배를 드리게 됩니다. 이는 예수님께서 자신의 몸으로 제물이 되어 단번에 제사를 완성시키셨기 때문입니다. 구약의 제사는 그림자요 예수님에 대한 예표였습니다. 예수님은 많은 사람의 죄를 담당하시려고 단번에 자신의 몸으로 온전한 제사를 드렸습니다.(히 9:20) "이것을 사하셨은즉 다시 죄를 위하여 제사드릴 것이 없느니라"(히 10:18) 예배에는 네가지 요소가 들어가야 합니다.

말씀 속으로

1. 찬양이 있어야 합니다.

초대교회는 모여서 하나님을 찬양했습니다.(행 2:47) 찬양이란 하나님을 높여드리며 하나님을 노래하는 것입니다. 성도의 본분은 하나님을 찬양하는 것입니다. 예배에는 하나님을 찬양하는 찬양이 있어야 합니다. 하나님은 우리에게 찬양 받으시기를 원하십니다. 하나님은 찬양을 받으시기 위해 사람을 지으셨습니다. "이 백성은 내가 나를 위하여 지었나니 나를 찬송하게 하려 함이니라." (사 43:21) 하나님을 찬양하는 것은 성도에게 주어진 특권입니다.

성경읽기/ 시편 150:6을 읽고 누구에게 하나님을 찬양하라고 하였는가 말해봅시다.
하나님은 무엇보다 찬양을 기뻐하신다고 하였나 찾아봅시다. 시편 69편30절

2. 기도가 있어야 합니다.

기도는 하나님과 대화하는 것입니다. 사람은 죄 문제로 인하여 하나님과 관계가 끊어졌습니다. 그런데 예수님께서 우리의 죄 값을 대신 지시고 죽으시므로 다시 하나님과 화목케 되고 교제의 길이 열렸습니다. 이제 우리가 예수님의 이름으로 기도할 때 하나님은 들으십니다. 기도는 영적 호흡과 같습니다. 살아있는 사람은 호흡을 합니다. 호흡이 중단되는 것은 곧 죽는 것입니다.

예배에는 먼저 회개 기도가 있어야 하며 모인 회중을 위한 기도와 예배를 위한 기도가 있어야 합니다. 예배에서의 기도는 하나님께 무엇을 얻기 위해서 구하는 것이 아니고 하나님이 함께 하심을 감사하며 자신을 드리는 기도를 해야 합니다.

성경읽기/ 사도행전 2:42을 읽고 초대교회 성도들은 모여서 무엇에 힘썼는지 말해보고 적용해 봅시다.

3. 말씀 선포가 있어야 합니다.

말씀 선포는 하나님의 말씀을 오늘 이 시대에 맞게 전하는 것 입니다. 중세 카톨릭 교회는 설교를 경시하고 의식과 예식을 중시하였습니다. 개혁주의 예배의 중심은 설교입니다. 마틴 루터는 회중이 설교 없이 모일 바엔 결코 모여서는 안 된다고 하였습니다. 설교는 예배자로 하여금 하나님과 바른 관계를 갖게 합니다. 설교는 살아계신 하나님의 살아있는 말씀을 살아있는 사람들에게 증거하는 것입니다. 말씀 선포는 성경이 중심이 되어야 합니다. 간증이나 예화는 설교를 돕는 보조 자료가 되어야 합니다.

성경읽기/ 시편 19:8-10을 읽고 성경은 어떤 역할을 하는지 말해봅시다.

4. 감사와 헌신이 있어야 합니다.

예배는 하나님의 사랑과 은혜에 감사함으로 드리는 것입니다.

시인은 "감사함으로 그의 문에 들어가며 찬송함으로 그의 궁정에 들어가서 그에게 감사하며 그의 이름을 송축할지어다" 라고 하였습니다.(시 100:4) 감사가 없는 예배는 참된 예배가 아닙니다. 우리는 우리의 몸과 마음을 하나님께 드릴 뿐 아니라 감사의 예물과 찬양을 드려야 합니다.

성경읽기/ 시편 50:23을 읽고 어떤 자가 하나님을 영화롭게 한다고 하였는지 말해봅시다.

나가는 말

예배는 찬양 기도 말씀 감사가 들어가야 온전한 예배가 됩니다. 우리는 예배 때마다 온전한 예배를 드리도록 힘씁시다. 예배가 살아야 내가 살고 예배가 살아야 교회가 회복됩니다.

나눔의 시간

1. 오늘 말씀을 통하여 느낀 점을 말해봅시다.
2. 나는 예배 때에 감사함으로 예배를 드리고 있는가 나눠 봅시다.

적용하기

오늘 말씀을 생활에 어떻게 적용할까 말해봅시다.

결단 및 합심기도

감사함으로 예배드리지 못한 것을 회개하며 예배에 최선을 다할 것을 다짐하며 기도하고 우리 구역부흥과 전도 대상자를 위하여 기도합시다.

감사 및 알림

헌금 및 기도, 교회소식, 구역소식, 다음 모임, 주기도

제9과 영혼의 호흡인 기도

- 본문/ 누가복음 11:9-10
- 인사/ 반갑습니다. 주님의 이름으로 축복합니다, 사랑합니다.
- 찬송/ 364, 337장
- 신앙고백 (기도)

말씀읽기

9 내가 또 너희에게 이르노니 구하라 그러면 너희에게 주실 것이요 찾으라 그러면 찾아낼 것이
요 문을 두드리라 그러면 너희에게 열릴 것이니 10 구하는 이마다 받을 것이요 찾는 이는 찾을
것이요 두드리는 이에게 열릴 것이니라

생각하기/ 국왕의 기도

2차 세계대전 중 프랑스군이 독일군에게 참패하자 영국군 29만명이 도버해협을 건너서 프랑스에 상륙을 했고 프랑스를 도와서 싸웠지만 영국군도 독일군의 힘을 당해낼 도리가 없어서 다시 도버해협을 건너서 영국으로 철수를 해야 하는데 잘못하면 모두가 독일군에게 포로가 되든지 아니면 바다에 빠져 죽을 상황에 도달했습니다. 영국의 국왕과 수상은 국민들에게 이 사실을 알리고 기도하기를 부탁했습니다. 위기일발 상황에 온 국민이 기도하고 왕도 수상도 국회위원들도 기도를 하였습니다. 그리고 그 다음날 영국군이 철수를 시작했는데 영국군이 있는 곳에는 바람이 하나도 불지 않았는데 독일군이 있는 곳에는 폭풍이 너무나 세차게 불어서 비행기 하나 뜨지 못하는 상태가 계속되어 영국군이 무사히 철수 했다는 것입니다. 하나님께서 도우신 것입니다.

말씀 속으로

1. 기도는 하나님과 대화하는 것입니다.

인간은 범죄하므로 하나님과 관계가 끊어졌습니다. 그런데 예수님께서 우리의 죄 값을 대신 지시고 죽으시므로 다시 하나님과 화목케 되고 교제의 길이 열렸습니다. 기도는 하나님과 통화하는 무선 통신과도 같습니다.

가족이나 친구가 미국이나 중국에 떨어져 있어도 핸드폰이나 스마트폰으로 전화하여 이야기할 수 있습니다. 사랑하는 사람과 멀리 떨어져 있을 때 전화하여 목소리만 들어도 반갑고 기쁩니다.

기도는 하늘에 계신 하나님과 통화하는 것입니다. 하나님은 우리를 사랑하셔서 우리와 대화하기를 원하십니다. 우리는 기도로 매일 하나님과 대화할 수 있습니다.

성경읽기/ 시편 5:1-3을 읽고 다윗은 언제 기도하였는지 말해봅시다.

2. 기도는 영적인 호흡이며 생명줄입니다.

사람이 살아있는 것은 호흡을 하고 있다는 것입니다. 호흡이 중단되면 죽습니다. 예수님을 믿는 사람은 영적 생명을 가졌습니다. 영적 생명을 가진 자는 영적인 호흡을 해야 합니다 영적인 호흡이 바로 기도입니다.

임산부와 태아의 생명을 연결해 주는 것이 탯줄이라면 기도는 하나님과 그의 자녀들을 연결해 주는 생명줄이라고 할 수 있습니다. 태중의 아기가 탯줄로부터 엄마의 영양분과 힘을 공급받듯이 그리스도인들은 기도로 말미암아 하나님으로부터 영적 힘을 공급받습니다. 하나님의 자녀들이 기도하지 않는다면 그의 생명은 호흡하지 않는 것과 같으며 호흡하지 않는 생명은 죽은 것입니다. 생명이 죽은 곳에서는 성장이 있을 수 없습니다.

성경읽기/ 데살로니가전서 5:17을 읽고 쉬지 말고 기도하라는 의미를 나누며 적용해 봅시다.

3. 기도는 하늘 아버지께 필요한 것을 구하는 것입니다.

가정의 자녀는 필요한 것이 있으면 부모님께 달라고 구합니다. 자녀가 아빠에게 신발 사달라, 가방 사달라, 자전거 사달라, 구할 때 아빠가 필요하다고 생각하면 사줍니다. 우리는 하나님께 필요한 것을 구할 수 있습니다. 하나님께서는 구하는 자에게 좋은 것을 주시겠다고 하였습니다.

예수님께서는 구하라 주실 것이요 찾으라 찾을 것이요 두드리라 열릴 것이라고 하셨습니다.(마 7:7) 우리는 자신의 문제들도 구해야 하지만 무엇보다도 영혼 구원을 위해 기도해야 합니다 선교를 위해 교회 부흥을 위해 기도해야 합니다.

레나드 레빈힐은 교회가 부흥되지 않는 이유는 기도생활이 병들어 있기 때문이라고 하면서 "현대 교회가 여러모로 궁핍하지만 그중에서도 기도의 처소에서 가장 시들어져 있다" 고 하였습니다.

성경읽기/ 베드로전서 4:7을 읽고 어떻게 기도해야 하는지 적용해 봅시다.

나가는 말

이. 엠 바운즈는 "현대교회가 필요로 하는 것은 좋은 기계문명이나 새로운 조직도, 방법도 아니고 기도의 사람을 필요로 한다." 고 하였고, 빌리 그래함 목사는 "기도는 크리스천의 가장 영광스러운 특권이며, 가장 필요한 의무!" 라고 하였습니다.

그런데 이 시대는 너무나 기도가 메마른 시대입니다. 오늘날과 같은 바쁘고 소란한 시대에, 최첨단 과학문명의 시대 스마트폰으로 어디서나 세계를 한눈에 보고 대화를 주고 받는 시대에 골방에 앉아 충분한 기도의 시간을 갖기란 그리 쉬운 일은 아닙니다.

우리는 기도의 참된 가치를 배워야 합니다. 하루 생활 중에 가장 중요한 시간을 골라 하나님을 위해 바치는 성도가 되어야 합니다. 기도는 하나님과의 대화요 영혼의 호흡이며 하늘 문을 여는 열쇠요 하나님의 능력을 공급받는 통로입니다.

나눔의 시간

1. 오늘 말씀을 통하여 느낀 점을 말해봅시다.
2. 기도 응답 받은 체험들이 있으면 나눠봅시다.

적용하기

오늘 말씀을 생활에 어떻게 적용할까 말해봅시다.

결단 및 합심기도

하나님과 날마다 교제하지 못하고 영적인 호흡을 자주 중단했던 것을 회개하며 매일 기도할 것을 다짐하며 우리 구역부흥과 전도 대상자를 위하여 기도합시다.

감사 및 알림

헌금 및 기도, 교회소식, 구역소식, 다음 모임, 주기도

제10과 왜 기도해야 할까요?

- 본문/ 요한복음 14:13-14
- 인사/ 반갑습니다. 주님의 이름으로 축복합니다, 사랑합니다.
- 찬송/ 361, 400장
- 신앙고백 (기도)

말씀읽기

13 너희가 내 이름으로 무엇을 구하든지 내가 행하리니 이는 아버지로 하여금 아들로 말미암
아 영광을 받으시게 하려 함이라 14 내 이름으로 무엇이든지 내게 구하면 내가 행하리라

생각하기/ 숨쉬지 않고 사는 사람들

사람이 7분 동안 호흡을 멈추게 되면 머리 속의 뇌가 먼저 죽는다고 합니다. 그러나 7분 이상의 호흡을 멈추고도 살아 남을 수 있는 사람이 있다면 그는 철인이거나 신기록의 소유자라고 할 수가 있습니다. 기도의 호흡을 멈추고도 죽지 않고 살아가는 그리스도인들은 철인과 같은 자들 입니다.

진주는 그 값어치가 크고 귀하면 귀할수록 그 진주를 품은 조개에게는 큰 고통이 아닐 수 없습니다. 기도로 퍼내는 샘물은 그 어느 것보다도 달고 시원합니다. 기도는 우리에게 많은 유익과 값진 보화를 캐내어 갖도록 해 줍니다.

말씀 속으로

1. 문제를 해결 받기 위해 기도합니다.

예수님은 누가복음 18:1-7에서 항상 기도하고 낙망치 말 것을 비유로 말씀하셨습니다. 힘없고 불쌍한 과부가 불의한 재판관을 찾아와서 자신의 원한을

풀어달라고 간청을 했습니다. 그 재판관은 처음에는 거들떠 보지도 않았는데 과부가 날마다 찾아와 원한을 풀어 달라고 번거롭게 하니 귀찮아서 들어 주었다고 하셨습니다. 하물며 하늘에 계신 너희 아버지께서 밤낮 부르짖는 택하신 자들의 원한을 풀어주지 않겠느냐고 하셨습니다. 우리는 하나님의 택하신 자녀들입니다. 어려움이 있고 문제가 있을 때 문제를 해결받기 위해 기도해야 합니다.

히스기야 왕은 죽을 병에 걸려 더 이상 살지 못하니 집을 정리하라는 말씀을 듣고 눈물 흘리며 기도하여 병에서 고침 받고 생명을 연장 받았습니다.(사 38:2-5)

야고보는 너희 중에 고난 당하는 자가 있느냐 저는 기도할 것이라고 하였으며(약 5:13) 시인은 환난 날에 나를 부르라 내가 너를 건지리니 네가 나를 영화롭게 하리라고 하였습니다.(시 50:15)

환난이나 시험 질병 등 문제가 있을 때 문제 해결의 열쇠가 기도입니다.

성경읽기/ 요한복음 14:14을 읽고 기도응답의 약속에 대하여 나눠봅시다.

2. 시험에 들지 않기 위해 기도합니다.

이 세상은 시험 환난 고난이 많은 세상입니다. 마귀는 끊임없이 믿는 사람들을 유혹하고 시험합니다. 마귀는 광명의 천사로 나타나 유혹하기도 하고 우는 사자처럼 나타나 대적하며 시험합니다. 이 마귀의 시험에 들지 않으려면 기도해야 합니다. 예수님의 제자들은 예수님이 겟세마네 동산에서 기도하실 때 시험에 들지 않게 깨어있어 기도하라 했는데 기도하지 않으므로 모두 시험에 들어 예수님을 부인하고 도망갔습니다.(마 26:41)

앞으로 이 세상에는 더욱 무서운 환난이 닥칠 것입니다 이때에 믿음 지키고 시험에 들지 않으려면 지금 기도해야 합니다.

생각하기/ 마태복음 24:21을 읽고 마지막 때 어떤 환난이 있으리라고 했는지 나눠봅시다.

3. 성령을 받기 위해 기도합니다.

예수님은 하늘로 가시면서 제자들에게 성령님을 보내 주시겠다고 약속하셨습니다. 그리고 성령이 임하시면 권능을 받고 땅 끝까지 내 증인이 되리라고 하셨습니다. 제자들은 마가의 다락방에 모여 날마다 기도에 힘썼습니다.(행 1:14)

그들은 모두 성령을 충만히 받고 이후부터 복음의 증인들이 되었습니다. 성경은 말세에 성령을 남종과 여종에게 부어 주리라고 하였습니다.(행 2:17-18)

지금은 말세입니다. 그러므로 지금은 성령충만 받아서 담대히 복음을 전해야 합니다. 성령님은 아무에게나 오시지 않습니다. 하나님은 사모하는 영혼을 만족케 하신다고 하였으며 예수님께서는 구하는 자에게 성령을 주시지 않겠느냐고 하셨습니다. 우리는 성령님을 사모하며 구해야 합니다.

생각하기/ 사도행전 4:31을 읽고 언제 성령님이 임하셨는가 말해 보며 우리에게 적용해 봅시다.

나가는 말

예수님은 전지하시고 전능하신 하나님이십니다. 예수님은 기도하지 않으셔도 모든 것을 하실 수 있으십니다. 그러나 예수님은 사역을 시작하시기전에 40일간 금식기도 하셨고 새벽에도 기도하셨으며 저녁에도 기도하셨고 수시로 습관을 따라 감람산으로 가셔서 기도하셨습니다. 예수님이 이같이 기도하신 것은 기도의 본을 보여 주신 것입니다.

그리스도인들에게 기도 만큼 중요하고 필요한 것도 없습니다. 기도는 우리에게 주신 가장 귀중한 특권이요 재산이며 무기입니다.

마지막 때는 기도하는 자 만이 시험을 이기고 승리하게 됩니다. 날마다 기도하여 능력 받아 담대히 시험을 이기고 복음 전하며 승리하는 삶을 사는 자들이 됩시다.

나눔의 시간

1. 오늘 말씀을 통하여 느낀 점을 말해봅시다.
2. 나는 언제 기도하고 있는지 나눠 봅시다.

적용하기

오늘 말씀을 생활에 어떻게 적용할까 말해봅시다.

결단 및 합심기도

매일 기도하지 못한 것을 회개하며 말씀 실천할 것을 다짐하며 기도하고 우리 구역부흥과 전도 대상자를 위하여 기도합시다.

감사 및 알림

헌금 및 기도, 교회소식, 구역소식, 다음 모임, 주기도, 폐회

제11과 기도의 방법

- 본문/ 마태복음 6:9-13
- 인사/ 반갑습니다. 주님의 이름으로 축복합니다, 사랑합니다.
- 찬송/ 441, 338장
- 신앙고백 (기도)

말씀읽기

9 그러므로 너희는 이렇게 기도하라 하늘에 계신 우리 아버지여 이름이 거룩히 여김을 받으시
오며 10 나라가 임하시오며 뜻이 하늘에서 이루어진 것 같이 땅에서도 이루어지이다 11 오늘
우리에게 일용할 양식을 주시옵고 12 우리가 우리에게 죄 지은 자를 사하여 준 것 같이 우리
죄를 사하여 주시옵고 13 우리를 시험에 들게 하지 마시옵고 다만 악에서 구하시옵소서 나라
와 권세와 영광이 아버지께 영원히 있사옵나이다 아멘

생각하기/ 어머니의 기도시간

전쟁터에서 한창 교전 중 한 병사가 앞장을 섰다가 적의 총탄에 맞고 쓰러져 신음을 하고 있었습니다. 총알이 비오듯 쏟아지는데 부상 당한 병사는 신음하며 살려달라고 고함을 칩니다. 그때 소대장이 명령을 하였습니다. "누구든 뛰어나가 저 병사를 구해 참호 속으로 데려오라." 그러나 모두 공포에 질려 아무도 나갈 생각을 하지 않고 있었습니다. 그때 한 병사가 시계를 보더니 "소대장님! 제가 가겠습니다." 하고는 뛰쳐나가 업고 달려왔습니다. 교전이 끝난 후 소대장이 "아무도 나갈 생각을 않고 있는데 어떻게 병사는 나갈 수 있었나?" 물으니 "소대장님! 제가 뛰어나간 그 시간은 저의 어머니의 기도 시간이었습니다. 하나님께서 저를 보호하여 주실 줄 믿었기 때문에 나갈 수 있었습니다." 하였답니다.

말씀 속으로

1. 기도의 순서

기도에 특별한 순서가 있는 것은 아니나 예수님께서 가르쳐주신 기도를 볼 때 일반적으로 다음과 같은 방법으로 합니다.

1) 하나님의 이름을 부르며 감사와 찬양과 영광을 돌립니다.

2) 하나님의 나라와 하나님의 뜻이 이루어지길 기도합니다.

3) 죄를 회개합니다. 지난 날의 나의 죄와, 실수, 허물이 있나 살피며, 또는 하나님의 뜻대로 살지 못한 것들을 고백하며 용서를 구합니다.

4) 간구를 합니다.

① 교회와 교역자와 나라와 선교와 전도를 위해서 기도합니다.

② 자신의 문제를 구합니다.

예) 양식, 직장, 건강, 가정, 자녀, 부모, 친구 이웃 등을 기도 합니다.

5) 끝마침 "예수님 이름으로 기도 드립니다. 아멘" 으로 마쳐야 합니다.

성경읽기/ 마태복음 6:33을 읽고 먼저 무엇을 구해야 하는지 말해봅시다.

2. 기도자의 마음과 자세

1) 믿음으로 해야 합니다.

예수님께서는 너희가 기도할 때에 무엇이든지 믿고 구하는 것은 다 받으리라고 하셨습니다.(마 21:22)

야고보서에는 믿음으로 구하고 조금도 의심치 말라 의심하는 자는 마치 바람에 밀려 요동하는 바다물결 같으니 이런 사람은 무엇이든지 주께 얻기를 생각지 말라고 하였습니다.(약 1:6-7) 의심의 기도는 응답이 없습니다.

2) 감사함으로 해야 합니다.(빌 4:6)

바울사도는 아무것도 염려하지 말고 너희 구할 것을 감사함으로 하나님께 아뢰라고 하였습니다.

3) 정신을 차리고 집중해서 기도해야 합니다.(벧전 4:7)

성경읽기/ 야고보서 4:3을 읽고 구하여도 얻지 못함은 무엇 때문이라고 하였는지 말해봅시다.

3. 부르짖는 기도

기도의 자세와 종류는 다양합니다. 서서 손들고 하는 기도가 있습니다. 의자에 앉아서 기도할 수 있습니다. 엎드려 무릎 꿇고 하는 기도가 있습니다. 예수님은 겟세마네 동산에서 기도하실 때 무릎 꿇고 기도하셨습니다. 몸이 아플 때는 누워서도 할 수 있습니다. 걸어 가면서도 할 수 있습니다. 그리고 조용히 묵상하며 하는 기도가 있습니다. 또한 큰소리로 부르짖어 하는 기도가 있습니다.

시편에는 부르짖는 기도가 가장 많이 나옵니다. 어린 자녀가 큰소리로 울면 엄마가 급히 달려가듯 부르짖는 기도는 급할 때 빠른 응답을 받을 수 있습니다.

성경읽기/ 예레미야 33:3 을 읽고 어떻게 기도하라고 하였는지 봅시다.

나가는 말

예수님은 항상 바쁘셨습니다. 그러나 바빠서 기도를 못하시지는 않았습니다. 사람들을 죄와 고통으로부터 구원하는 일 조차도 기도시간을 줄이는 이유가 되지 못하였습니다. 그는 온종일 하나님의 일을 수행하였고 밤에는 하나님께 기도함으로 보내셨습니다. 또한 예수님은 새벽에도 일어나셔서 기도하셨습니다.(막 1:35) 예수님은 낮에도 습관을 좇아 기도하러 가셨습니다.

너무 바빠서 기도하지 못하는 그리스도인들이 있는 것은 주님의 삶과 거리가 멀고 기도의 가치를 소홀히 여긴 탓 입니다.

나눔의 시간

1. 오늘 말씀을 통하여 느낀 점을 말해봅시다.
2. 만일 내 기도에 응답이 없다면 그 원인은 무엇이라고 생각하는지 말해봅시다.

적용하기

오늘 말씀을 생활에 어떻게 적용할까 말해봅시다.

결단 및 합심기도

1. 믿음으로 기도하지 못하고 욕심으로 기도한 것들이 있으면 회개하며 먼저 주님 나라와 주님의 뜻을 구하며 믿음으로 부르짖어 기도할 것을 다짐하며 기도합시다.
2. 우리 구역부흥과 전도 대상자를 위하여 기도합시다.

감사 및 알림

헌금 및 기도, 교회소식, 구역소식, 다음 모임, 주기도

제12과 기도의 능력

- 본문/ 마가복음 9:28-29
- 인사/ 반갑습니다. 주님의 이름으로 축복합니다, 사랑합니다.
- 찬송/ 342, 93장
- 신앙고백 (기도)

말씀읽기

28 집에 들어가시매 제자들이 조용히 묻자오되 우리는 어찌하여 능히 그 귀신을 쫓아내지 못
하였나이까 29 이르시되 기도 외에 다른 것으로는 이런 종류가 나갈 수 없느니라 하시니라

생각하기/ 크리소스톰의 기도의 정의

크리소스톰은 기도의 능력에 대하여 표현하기를 "기도의 능력은 불의의 세력을 정복하였다. 사자의 분노를 제어하고 무질서를 안식으로 잔잔케 했으며, 전쟁을 종식시키고, 폭풍을 가라앉히고, 귀신을 쫓아내고, 사망의 사슬을 끊어버리고, 천국의 문을 넓혔으며, 질병을 없애버리고, 부정을 추방하고, 도시를 멸망에서 건졌으며, 태양을 중천에서 머무르게 하고, 우뢰의 행로를 멈추게 했다. 기도는 만병통치약이며 죽지 않는 보석이며 무진장한 보고이며 구름 한 점 없이 맑은 하늘이며 폭풍으로 일그러지지 않는 창공이다. 기도는 수천만 축복의 밑뿌리며 생물이며 어머니이다." 라고 하였습니다. 기도는 하나님의 능력입니다.

말씀 속으로

1. 기도는 귀신을 쫓아내는 능력이 있습니다.

아버지가 귀신들려 벙어리 된 아이를 데리고 예수님의 제자들에게 와서 귀

신을 쫓아달라고 하였습니다. 아이에게 들어간 귀신은 아이를 죽이려고 불에도 던지고 물에도 던졌습니다.(막 9:22) 이런 아이를 둔 부모 마음이 얼마나 괴롭고 아팠을까요? 그래서 제자들에게 데려왔으나 제자들은 쫓아내지 못했습니다.

이때 예수님이 산에서 기도하시고 내려왔습니다. 아이의 아버지는 예수님께 아이를 데리고 와서 귀신을 쫓아달라고 간청을 합니다. 예수님은 더러운 귀신을 꾸짖고 귀신을 쫓아냈습니다.

제자들이 예수님께 질문을 했습니다. "선생님 왜 우리는 귀신을 쫓아내지 못하였나이까?" 예수님은 "기도 외에는 다른 것으로는 이런 종류가 나갈 수 없다"고 하셨습니다. 즉 기도가 없었기에 쫓아내지 못하였다는 말씀입니다. 기도는 귀신을 쫓아내는 능력입니다.

성경읽기/ 마가복음 9:29을 읽어봅시다.

2. 기도는 병을 고치는 능력입니다.

히스기야 왕이 죽을병이 들었습니다. 선지자 이사야가 찾아와 네가 죽게 되었으니 이제 집을 정리하라고 하였습니다. 히스기야왕은 그 말을 듣고 하나님께 기도하기 시작했습니다.

"그 때에 히스기야가 병들어 죽게 되매 아모스의 아들 선지자 이사야가 그에게 나아와서 그에게 이르되 여호와의 말씀이 너는 집을 정리하라 네가 죽고 살지 못하리라 하셨나이다. 히스기야가 낯을 벽으로 향하고 여호와께 기도하여 이르되 여호와여 구하오니 내가 진실과 전심으로 주 앞에 행하며 주께서 보시기에 선하게 행한 것을 기억 하옵소서 하고 히스기야가 심히 통곡 하더라" (왕하 20:1-3)

하나님은 이 같은 히스기야의 기도를 들으시고 그 병을 고쳐주셨습니다.

성경읽기/ 야고보서 5:15을 읽고 어떤 기도가 병을 고치는지 말해봅시다.

3. 기도하면 불가능이 가능케 됩니다.

한나는 아기를 낳지 못하여 브닌나로 부터 말할 수 없는 멸시와 구박을 당했습니다. 그러나 하나님께 기도하여 사무엘을 낳았습니다.(삼상 1:11)

엘리야는 비가 오지 않기를 기도할 때 3년6개월간 비가 그쳤고 다시 비가 오기를 기도할 때 비가 왔습니다.(약 5:17)

바울과 실라는 전도하다가 잡혀 감옥에 갇혔을 때 밤중에 기도하고 찬송하니 감옥 문이 열리고 묶인 쇠사슬이 풀렸습니다.(행 16:25-26)

다니엘은 기도로 사자들의 입을 막았습니다. 기도는 기적을 일으킵니다.

죤낙스는 기도하는 한 사람은 기도 안하는 한 민족보다 강하다고 하였습니다. 기도는 무한한 하나님의 능력입니다

성도는 힘들고 어려움이 있어도 낙심 말고 기도해야 합니다.

성경읽기/ 야고보서 5:13을 읽고 환난 고난 시험이 있을 때 어떻게 해야 할 것인가를 나눠봅시다.

나가는 말

R. A 토레이는 기도는 우리 마음과 생활에 성령의 역사를 일으키는 능력이라고 하였습니다. 기도는 하나님의 능력입니다. 그리스도인들은 기도하여 하나님의 능력을 받아 사단의 권세를 깨뜨리고 쇠사슬에 묶여 있는 영혼들을 구해내야 합니다.

기도는 이 세상에서 가장 큰 능력이요 힘입니다. 기도는 귀신을 쫓아내며

불치병을 고치며 불가능을 가능케 합니다. 기도하는 성도, 기도하는 가정, 기도하는 백성은 망하지 않습니다.

이 기도를 활용하여 하늘의 무한한 보화를 내 것으로 만들어 하나님의 영광을 드러내는데 사용하시기를 바랍니다.

나눔의 시간

1. 오늘 말씀을 통하여 느낀 점을 말해봅시다.
2. 기도 하여 어려움을 극복한일들이 있으면 이야기해 봅시다.

적용하기

1.오늘 말씀을 생활에 어떻게 적용할까 말해봅시다.
2.우리는 병이 들면 어떻게 하는지 서로 말해봅시다.

결단 및 합심기도

1. 내가 기도가 부족하여 능력을 체험하지 못한 것을 회개하며 항상 기도 하여 기도의 능력을 체험할 것을 다짐하며 기도합시다.
2. 우리 구역부흥과 전도 대상자를 위하여 기도합시다.

감사 및 알림

헌금 및 기도, 교회소식, 구역소식, 다음 모임, 주기도

제13과 어 명

- 본문/ 마가복음 16:15-16
- 인사/ 반갑습니다. 주님의 이름으로 축복합니다, 사랑합니다.
- 찬송/ 496, 500장
- 신앙고백 (기도)

말씀읽기

15 또 이르시되 너희는 온 천하에 다니며 만민에게 복음을 전파하라 16 믿고 세례를 받는 사람
은 구원을 얻을 것이요 믿지 않는 사람은 정죄를 받으리라

생각하기/ 예수천당

일제시대 때 최봉석 목사님이 계셨습니다. 목사님은 날마다 거리에 나가 "예수천당" 하며 전도를 하였습니다. 일본경찰이 말을 타고 오는데 그 앞에서 "예수천당" 하니 말이 놀라서 펄쩍 뛰므로 경찰이 말에서 떨어졌습니다. 화가 난 경찰은 최 목사님을 끌고 가서 고문하며 때렸습니다. 목사님은 경찰이 고문할 때마다 "예수천당, 예수천당" 합니다. 경찰이 더 세게 때리며 "예수 천당 말하지 말라" 고 하니까 목사님은 내 몸속에는 예수가 가득 차서 건드리기만 하면 "예수천당" 이 나온다고 하며 전도를 하였습니다.

말씀 속으로

1. 전도는 어명입니다.

어명이란 왕의 명령을 말합니다. 왕정시대 왕의 명령은 법입니다 죽으라면 죽어야하고 사약을 받으라면 사약을 받아야 했습니다.

예수님은 만왕의 왕이십니다. 만왕의 왕께서 지상사역을 마치고 하늘로 가시면서 마지막 명령을 하셨습니다. 그것은 “너희는 온 천하에 다니며 만민에게 복음을 전파하라”는 것입니다. 이는 누구도 거역할 수 없는 왕의 명령입니다. 모든 믿는 사람들은 이 명령을 지켜야 합니다. 명을 거역하면 죄가 됩니다. 하나님께서는 에스겔에게 “네가 그 악인에게 말로 경고하여 그 길에서 떠나게 아니하면 그 악인은 자기 죄악 중에서 죽으려니와 내가 그 피를 네 손에서 찾으리라”(겔 33:8)고 하셨습니다.

우리 주위에 있는 가족 형제 친지 친구들이 복음을 듣지 못하여 지옥가게 되면 그의 피 값을 우리에게 물으시겠다는 것입니다. 어명은 지엄합니다. 거역하면 목숨이 위태롭습니다. 전도는 어명입니다.

성경읽기/ 디모데전서 4:2을 읽고 언제 말씀을 전하라고 하였는지 말해봅시다.

* 바울은 왜 복음을 전할지라도 자랑할 것이 없다고 하였나요? 고전 9:16

2. 전도는 생명을 살리는 일입니다.

세상에서 가장 소중한 것은 생명입니다. 예수님은 온 천하를 얻고도 제 목숨을 잃으면 무엇이 유익하냐고 하셨습니다. 목숨은 천하보다도 귀하다는 말씀입니다.

예수님은 거라사 지방의 귀신들린 사람 하나를 고치기 위하여 돼지 떼 2000마리가 죽도록 하셨습니다. 귀신들이 돼지 떼에게로 들어가게 해달라고 했을 때 귀신들린 사람을 고치기 위해 허용한 것입니다. 사람의 한 생명은 돼지 2000마리 보다 더 귀합니다.

전도는 마귀에게 묶여 지옥 가는 사람을 구해내는 것입니다. 지금 지옥 가는 영혼들이 와서 우리를 구해달라고 외치고 있습니다. 우리는 불신자들의 영혼을 보아야 합니다. 나를 살려달라고 부르짖는 저 영혼들의 탄식소리를 들어야 합니다.

성경읽기/ 사도행전 16:9을 읽고 바울은 어디 사람이 와서 도와달라고 부르짖는 환상을 보았는지 말해봅시다.

* 예수님은 어떤 사람이 구원을 받으리라고 하였나요? 마가복음 16:16

3. 전도는 모두 해야 합니다.

전도는 어떤 특정인만 하는 것이 아니라 믿는 모든 사람에게 주어진 명령이요 어명입니다. 믿는 사람은 그 복음을 다른 사람에게 전해 주어야 합니다. 복음은 믿는 사람들을 통하여 세상 끝나는 날까지 전해져야 합니다.

수가성 여인은 예수님을 만난 후 물동이를 버려두고 동네에 들어가 예수님을 전했습니다. 사람들이 믿지 않자 와보라 하여 그들을 데리고 예수님께 왔습니다. 전도는 사람을 살리는 일입니다. 전도는 바로 지금 내가 하여야할 가장 중요한 일입니다.

성경읽기/ 디모데전서 2:6을 읽고 하나님은 누가 구원받기를 원하신다고 하였는지 말해봅시다.

나가는 말

전도는 주님의 긴급 명령이요 생명을 살리기 위한 특수 임무를 띤 특수 명령입니다. 생명은 천하보다 귀합니다. 천하보다 귀한 생명이 복음을 듣지 못하여 지옥으로 떨어진다면 하나님은 그 피 값을 전도하지 않는 자에게서 찾으신다고 하셨습니다.(겔 3:3)

전도는 하나님이 가장 원하시고 기뻐하시는 일이며 교회의 사명입니다. 예수님은 자신이 오신 목적을 전도하기 위함이라고 하시면서 이 땅에 계시는 동안 친히 전도하셨고(막 1:15,38) 믿는 자들에게 온 천하에 다니며 만민에게 복음을 전파하라고 명하셨습니다.(막 16:15)

나눔의 시간

1. 오늘 말씀을 통하여 느낀 점을 말해봅시다.
2. 나는 지금 어떻게 전도생활하고 있는지 말해봅시다.

적용하기

오늘 말씀을 생활에 어떻게 적용할까 말해봅시다.

결단 및 합심기도

1. 주님의 최후명령이요 왕의 어명을 거역하고 전도하지 못한 것을 회개하며 이제부터 어명에 순종하여 열심히 전도할 것을 다짐하며 기도합시다.
2. 구역부흥과 전도 대상자를 위하여 기도합시다.

감사 및 알림

헌금 및 기도, 교회소식, 구역소식, 다음 모임, 주기도

제14과 전도의 시급성

- 본문/ 디모데후서 4:1-2
- 인사/ 반갑습니다. 주님의 이름으로 축복합니다, 사랑합니다.
- 찬송/ 498, 502장
- 신앙고백 (기도)

말씀읽기

1 하나님 앞과 살아 있는 자와 죽은 자를 심판하실 그리스도 예수 앞에서 그가 나타나실 것과 그의 나라를 두고 엄히 명하노니 2 너는 말씀을 전파하라 때를 얻든지 못 얻든지 항상 힘쓰라

생각하기/ 구세군의 사작

구세군의 창시자 웰리암 부스가 하루는 꿈을 꾸는데 수많은 사람들이 지옥불속으로 떨어지는 것을 보게 됩니다. 그는 꿈에서 깨어나 지옥으로 떨어지는 사람들을 구해내기 위해서 군대를 조직해야겠다고 결심하고 구세군을 창설하였습니다.
오늘 하루에도 지구촌에서는 수만 명의 생명들이 지옥으로 떨어지고 있습니다.2011년 어느 통계를 보니 1년에 5650만 여명이 죽습니다. 이는 하루 15만 여명이 죽는 것입니다. 그중 1/2이 불신자입니다. 7만5천명이 지옥으로 떨어지는 것입니다. 이는 1시간에 3000명이 지옥으로 떨어지고 1분에 50명이 지옥으로 떨어지고 있습니다. 우리가 하루 노는 사이에 지구촌에서는 7만5천명이 지옥가고 있습니다.

말씀 속으로

1. 전도는 가장 시급한 일입니다.

세상사에는 먼저 해야 할 일이 있고 나중해야 할 일이 있습니다. 급한 일은

먼저 해야 하고 급하지 않는 일은 나중에 해야 합니다.

구급차가 위급한 환자를 수송 할 때는 차선이나 신호등을 무시하고 달려갑니다. 이는 그 안에 위독한 환자가 있어 생명을 살리는 일은 신호등 지키는 것보다 중요하고 우선되기 때문입니다. 순간의 기회를 놓치면 그 생명은 죽을 수 있습니다. 1분만 늦어도 살릴 생명을 죽게 할 수도 있습니다. 생명을 살리는 일은 가장 중요할 뿐 아니라 시급한 일입니다.

예수님은 전도하는 것을 추수하는 것으로 비유하셨습니다. "너희는 넉 달이 지나야 추수할 때가 이르겠다 하지 아니하느냐 그러나 나는 너희에게 이르노니 너희 눈을 들어 밭을 보라 희어져 추수하게 되었도다."(요 4:35) 추수 때 추수하지 않으면 과일이나 농작물을 버리게 됩니다.

지금은 영혼의 추수할 때입니다. 주님은 추수할 것은 많은 데 일꾼이 적다고 하시며 추수할 주인에게 일꾼을 보내어달라고 기도하라 하셨습니다.(마 9:37-38)

성경읽기/ 이사야 6:8을 읽고 이사야는 하나님이 일꾼을 찾을 때 뭐라고 하였는지 찾아봅시다.

2. 전도는 항상 해야 합니다.

사람이 살기 위해서는 날마다 밥을 먹습니다. 돈을 벌기 위해서 일도 날마다 합니다. 전도도 날마다 해야 합니다.

사람은 내일 일을 알지 못합니다. 누가복음 12장에 어리석은 부자 비유가 나옵니다. 부자는 여러 해 쓸 물건을 많이 쌓아 놓고 이제 내 영혼아 이제 평안이 먹고 마시고 즐거워 하자고 하였습니다. 그때 하나님은 이르시되 어리석은 자여 오늘밤 네 영혼을 도로 찾으리니 그러면 네 준비한 것이 뉘 것이 되겠느냐고 반문하셨습니다. 사람이 하루 앞 일만 알아도 큰 재난을 피할 수 있습니다. 2010년 1월 아이티 지진으로 17만 명이 죽었습니다. 2011년 3월 일본 지진과 쓰나미로 4만 여명이 죽고 수십만 명의 이재민이 발생했습니다. 하루 앞 일만 알았더라면 모두 살았을 것입니다.

사람이 세상에 올 때는 차례대로 태어나지만 갈 때는 차례가 없습니다. 손자가 할아버지보다 먼저 세상을 떠나는 수도 있습니다. 그러므로 전도는 항상 해야 합니다.

성경읽기/ 야고보서 4:14 말씀을 읽고 인간이 무엇인지 말해봅시다.

3. 전도는 힘을 써야 합니다.

바울 사도는 때를 얻든지 못 얻든지 항상 힘쓰라고 했습니다. 구원받는 것은 힘써서 되는 것이 아닙니다. 예수님을 믿는 자에게 주시는 하나님의 선물입니다. 그러나 신앙생활은 힘써야만 잘할 수 있습니다. 신앙생활은 저절로 되는 것이 아닙니다. 기도도 힘써야 되고 봉사도 힘써야 됩니다. 전도자는 먼저 기도로 무장해야 합니다. 바울 사도는 기도에 항상 힘쓰고 기도에 감사함으로 깨어있으라고 하였습니다.(골 4:2) 전도는 영적전쟁입니다 마귀에게 사로잡힌 자를 다시 구출해 내는 것입니다. 바울은 전도를 씨름하는 것으로 말하였습니다.

성경읽기/ 에베소서 6:12을 읽고 우리의 씨름의 대상이 누구인지 말해봅시다.

나가는 말

전도는 가장 긴급하고 중대한 일입니다. 지금은 전도할 수 있는 좋은 기회입니다. 잠시 후에는 기회가 없어집니다. 그때는 전도하고 싶어도 이미 늦습니다. 이제 결산 날이 다가오고 있음을 알고 주님 앞에 결산 준비를 하여야 할 것입니다. 그날이 오기 전에 한 영혼이라도 더 건져내야 합니다. 기회가 있을 때 우리의 가족 형제 친구들은 주님께 인도하여야합니다. 전도는 단순히 입으로만 하는 것은 아닙니다. 삶을 통해서도 전도가 이루어져야 합니다. 특히 삶을 통한 전도는 나를 잘 알고 있는 사람들에게는 입술을 통한 전도보다도 훨씬 효과적일 수 있습니다.

나눔의 시간

1. 오늘 말씀을 통하여 느낀 점을 말해봅시다.
2. 내 가족 친척 친구 이웃 중 믿지 않는 사람들의 이름을 적어봅시다.

적용하기

오늘 말씀을 생활에 어떻게 적용할까 말해봅시다.

결단 및 합심기도

믿지 않는 가족 형제 친척 이웃 친구들에게 전도하지 못한 것을 회개하며 이제 그들에게 전도할 것을 다짐하며 기도하고 우리 구역부흥과 교회부흥을 위하여 기도합시다.

감사 및 알림

헌금 및 기도, 교회소식, 구역소식, 다음 모임, 주기도.

제15과 전도의 방법

- 본문/ 골로새서 4:3-6
- 인사/ 반갑습니다. 주님의 이름으로 축복합니다, 사랑합니다.
- 찬송/ 505, 511장
- 신앙고백 (기도)

말씀읽기

3 또한 우리를 위하여 기도하되 하나님이 전도할 문을 우리에게 열어 주사 그리스도의 비밀을 말하게 하시기를 구하라 내가 이 일 때문에 매임을 당하였노라 4 그리하면 내가 마땅히 할 말로써 이 비밀을 나타내리라 5 외인에게 대해서는 지혜로 행하여 세월을 아끼라 6 너희 말을 항상 은혜 가운데서 소금으로 맛을 냄과 같이 하라 그리하면 각 사람에게 마땅히 대답할 것을 알리라

생각하기/ 엄마 천국이 보여

영식이라는 어린이가 있었습니다. 교회를 열심히 다녔는데 백혈병이 걸렸습니다. 이제 학교도 못가고 교회도 못 가게 되었습니다. 영식이는 엄마에게 교회 선생님 좀 불러달라고 했습니다. 선생님이 전도사님과 함께 와서 예배를 드렸습니다. 며칠 후 이번에는 아빠에게 오늘 회사 가지 말고 내 곁에 있어달라고 한 후 다시 한번 교회 선생님 좀 불러달라고 하였습니다. 이번에는 목사님과 함께 와서 예배를 드리는데 갑자기 눈을 크게 뜨고 "엄마 천국이 보여 나 천국으로가" 하면서 밝은 모습으로 죽었습니다. 영식이 엄마 아빠는 그 뒤부터 천국이 있음을 알고 예수님을 믿게 되었습니다. 영식이는 죽어가면서 엄마 아빠를 전도하였습니다.

말씀 속으로

1. 관계전도를 합니다.

불신자들이 스스로 교회에 나오는 경우는 거의 없습니다. 누군가의 전도를 받고 오게 됩니다. 관계전도는 가장 효과적인 전도로 전도 대상자를 정하고 친분을 맺은 후 사랑을 베풀고 섬겨서 감동을 주어 교회로 인도하는 방법입니다. 이를 관계전도 태신자 전도 또는 예비신자 전도라고도 합니다. 전도 대상자는 안면 있는 분들과 관계를 맺어야 합니다. 그리고 섬기고 사랑을 베풀어야 합니다. 또한 전도 대상자를 위해 꾸준히 기도해야 합니다.

임산부가 아기를 잉태한 후 10개월간 태속의 아기를 생각하며 위하여 기도하고 음식도 아기를 생각하며 먹고 해로운 일이나 음식은 먹지 않는 것처럼 전도 대상자를 생각하며 기도하고 사랑을 베풀어서 전도하는 것입니다. 관계전도는 꾸준한 섬김과 희생이 따라야 합니다.

성경읽기/ 골로새서 4:3을 읽고 바울은 무엇을 위해 기도하라고 했는지 말해봅시다.
* 사도요한은 요한일서 3:18에서 말로만 사랑하지 말고 어떻게 하라고 하였나요?

2. 초청전도가 있습니다.

가족이나 친구 친척 이웃 등 아는 분들을 교회 잔치 날에 초청하여 복음을 듣게 하는 전도방법으로 총동원 전도 날을 정하여 전도하는 것입니다. 이때 초청 대상자는 만나는 모든 분들이 대상입니다. 초청전도는 복음을 간단히 전하고 교회자랑 목회자 자랑을 하면서 기대감을 가지게 하여 초청합니다.

빌립이 예수님을 만난 후 나다나엘을 찾아가 초청할 때 예수님을 소개하는데 빌립이 믿지 않자 와보라 하여 데리고 가는 것이 초청전도입니다.

성경읽기/ 마태복음 22:9을 읽고 임금은 종들에게 어디 가서 누구를 초청해 오라고 하였는지 말해봅시다.

* 빌립은 누구에게 예수님을 소개하고 있으며 어떻게 예수님께 인도하고 있는지 요한복음 1:45-46을 읽고 말해봅시다.

3. 현장에서 능력전도를 합니다.

전도자가 말씀으로 무장한 후 복음을 들고 현장으로 나가서 만나는 사람에게 예수 그리스도를 전합니다. 현장전도는 현장에서 직접 복음을 전하는 것으로 공원이나 역전이나 사람이 있는 곳을 찾아가서 복음을 전합니다. 이때는 혼자보다는 두 명이 함께 가는 것이 좋습니다. 예수님도 현장전도를 보내실 때 두 명씩 짝을 지어 보내셨습니다. 한사람은 복음을 전하고 한사람을 기도하는 마음으로 옆에서 돕습니다. 현장 전도 때는 사영리나 영생의길 등 준비된 복음지를 가지고 가야 합니다.

성경읽기/ 마태복음 10:7-8 말씀을 읽고 예수님은 제자들을 전도 보낼 때 어떻게 하라고 하였는지 말해봅시다.

나가는 말

전도는 마귀와의 영적인 싸움입니다. 마귀는 예수를 믿지 못하도록 사람들을 사로잡고 있습니다. 그리고 전도해도 받아들이지 못하도록 마음 문을 꽉 막고 있습니다. 그러므로 전도할 사람을 위하여 기도하지 않으면 전도가 어렵습니다. 영적인 싸움의 방법은 기도입니다. 매일 전도할 사람의 이름을 부르며 위하여 기도하면 성령님이 그 마음을 변화시켜 주시므로 전도하면 전도의 열매를 맺게 됩니다.

나눔의 시간

1. 오늘 말씀을 통하여 느낀 점을 말해봅시다.
2. 전도 대상자에게 어떻게 사랑을 베풀 것인가 말해봅시다.

적용하기

나는 누구를 전도할 것인가 전도 대상자 3명의 이름을 쓰세요.

결단 및 합심기도

지금까지 전도 대상자를 정하지 않고 기도하지 않은 것을 회개하며 이제부터 전도 대상자를 위해 매일 기도하고 사랑을 베풀 것을 다짐하며 기도합시다. 우리 구역부흥과 교회부흥을 위하여 기도합시다.

감사 및 알림

헌금 및 기도, 교회소식, 구역소식, 다음 모임, 주기도

제16과 전도와 상급

- 본문/ 다니엘 12:3
- 인사/ 반갑습니다. 주님의 이름으로 축복합니다, 사랑합니다.
- 찬송/ 510, 497장
- 신앙고백 (기도)

말씀읽기

지혜 있는 자는 궁창의 빛과 같이 빛날 것이요 많은 사람을 옳은 데로 돌아오게 한 자는 별과 같이 영원토록 빛나리라

생각하기/ 천국에서 제일 큰 집

박용규 목사님이 천국과 지옥을 보고 간증을 하였습니다. 박용규 목사님은 성남에서 5천명이 모이는 교회를 목회하였으며 한국 교회사와 기독교 백년사 등을 집필하신 한국교회 저명한 원로 목사님이십니다. 그는 천사의 안내를 받아 천국을 구경하다가 천국에서 제일 큰집을 보았는데 그 집은 무디 목사의 집이였다고 했습니다. 그 집이 얼마나 큰지 세상에는 그렇게 큰집이 없다고 하였습니다. 천사에게 무디 목사의 집이 왜 저렇게 크냐고 물었더니 무디 목사가 전도를 제일 많이 하였기 때문이라고 대답하였습니다. 그 다음 큰집은 성 프란시스 집이었고 세 번째는 요한 웨슬레 집이었으며 4번째 큰집이 한국 사람인 최권능 목사의 집이라고 하였습니다. 천국의 집은 전도를 많이 한 순서대로 큰집이 된다고 하였습니다.(참고/"목사님 눈물을 거두세요" 책 및 간증 비디오 테잎)

말씀 속으로

1. 전도는 상이 약속되어 있습니다.

전도는 하나님의 뜻이요 하나님이 제일 기뻐하시는 일이기 때문에 전도하는 자에게는 하나님께서 큰상을 약속하셨습니다. 다니엘은 많은 사람을 옳은 데로 돌아오게 한 자는 하늘의 별과 같이 영원토록 빛나리라고 하였습니다.(단 12:3) 많은 사람을 옳은 데로 돌아오게 하는 일은 전도와 교육입니다.

천국의 상은 한번 받으면 영원히 빛나는 상입니다. 바울 사도는 상을 얻기 위하여 "뒤에 것은 잊어버리고 푯대를 행하여 달려간다" 고 하였으며(빌 3:14) 우리에게도 상을 받도록 달음질 하라고 하였습니다.(고전 9:24)

예수님은 다시 오실 때 상을 가지고 와서 각 사람에게 일한대로 상을 주시겠다고 하셨습니다.(계 22:12)

성경읽기/ 고린도전서 9:24을 읽고 상을 얻기 위해서는 어떻게 해야 하는지 나눠봅시다.

2. 전도하면 땅에서도 복을 받습니다.

자연계의 법칙은 뿌린 대로 열매를 거두는 것입니다. 영계의 법칙도 마찬가지입니다. 일한대로 상을 받는 것은 하나님의 공의입니다. 전도는 하나님을 기쁘시게 하는 일이므로 하나님께서는 전도자에게 이 땅에서도 복을 주십니다.

연세대 교수며 신바람 박사로 유명한 황수관 박사나 진돗개 전도왕 박병선 집사, 고구마 전도왕 김기동 목사, 주안교회 전도왕 김종열 권사 등은 모두 전도하여 축복 받은 것을 간증하고 있습니다.

예수님은 전도자(나그네)를 대접하거나 영접하는 자에게까지 상을 주시겠다고 하였습니다.(마 10:40-42)

성경읽기/ 고린도전서 1:21을 읽고 하나님은 무엇을 기뻐하신다고 하였는지 말해봅시다.

3. 전도는 축복의 씨를 뿌리는 것입니다.

축복의 씨앗을 뿌리면 축복의 열매를 거둡니다. 전도는 사람에게 줄 수 있는 가장 좋은 선물이며 축복입니다. 그래서 이를 복음이라고 합니다. 복음이란 복된 소식, 기쁜 소식, 축복의 소식 이란 뜻입니다.

전도는 예수님이 하나님의 아들로 인간을 구원하러 인간이 되어 이 땅에 오셔서 인간의 죄를 대신 지고 죽으시고 부활하심으로 이를 믿으면 죄 사함 받고 천국 가서 영원히 산다는 소식입니다. 이는 축복의 씨앗을 뿌리는 것으로 반드시 열매를 거두게 됩니다. 씨앗을 많이 뿌리면 많이 거두게 되고 적게 뿌리면 적게 거두게 되며 뿌리지 않으면 거둘 것이 없습니다. 우리는 축복의 씨앗을 많이 뿌려 많이 거두므로 큰 복의 사람들이 됩시다.

성경읽기/ 시편 126:6을 읽고 울며 씨를 뿌리는 자는 어떻게 단을 거둔다고 하였는지 말해봅시다.

나가는 말

전도는 하나님이 가장 기뻐하시는 일이므로 전도하면 축복을 받고 하늘의 면류관을 받습니다. 주님은 이일을 하는 자에게 세상 끝날까지 함께 하겠다고 약속하시고 큰상급과 축복을 주시겠다고 하셨습니다. 그러므로 주를 믿는 모든 그리스도인들은 전도해야 합니다.

영혼을 구원하는 것이 하늘의 상급이요 면류관이며 영원한 영광을 얻는 길이기 때문입니다. 전도하여 많은 생명을 주께로 인도하므로 하늘에서 영원토록 별과 같이 빛나는 자들이 되시기 바랍니다.

나눔의 시간

1. 오늘 말씀을 통하여 느낀 점을 말해봅시다.
2. 내가 받은 상 중에서 제일 크고 좋은 상은 무엇이었는가 나눠 봅시다.

적용하기

오늘 말씀을 생활에 어떻게 적용할까 말해봅시다.

결단 및 합심기도

1. 지금까지 복음의 씨앗을 많이 뿌리지 못한 것을 회개하며 남은 생애 열심히 복음의 씨를 뿌릴 것을 다짐하며 기도합시다.
2. 우리 구역부흥과 교회부흥을 위하여 기도합시다.

감사 및 알림

헌금 및 기도, 교회소식, 구역소식, 다음 모임, 주기도

제17과 행복한 가정

- 본문/ 에베소서 5:31-33
- 인사/ 반갑습니다. 주님의 이름으로 축복합니다, 사랑합니다.
- 찬송/ 570, 542장
- 신앙고백 (기도)

말씀읽기

31 그러므로 사람이 부모를 떠나 그의 아내와 합하여 그 둘이 한 육체가 될지니 32 이 비밀이
크도다 나는 그리스도와 교회에 대하여 말하노라 33 그러나 너희도 각각 자기의 아내 사랑하
기를 자신 같이 하고 아내도 자기 남편을 존경하라

생각하기/ 집과 가정

가정은 교회와 국가와 함께 하나님께서 세우신 신적인 기관입니다. 특별히 가정은 사회의 기본 단위이며, 국가의 뼈대이고 소망입니다. "즐거운 곳에서는 날 오라 하여도 내 쉴 곳은 내 집 뿐이라" 하면서 노래하지만, 정작 오늘의 우리네 가정은 그렇게 평화롭고 즐겁지 못한 것 같습니다. 그래서 많은 사람들이 집(House)은 있어도 가정(Home)은 없어졌다고들 말합니다.

가정은 신앙생활을 바로 배우고 실천하는 가장 이상적인 곳입니다. 가정이 밝고 건강할 때 사회도 밝아지고 나라가 평안해집니다. 그러므로 우리들은 내가 몸담고 있는 가정, 직장, 사회… 모든 삶의 현장에서 빛과 소금의 역할을 감당함으로 하나님께 영광을 돌려야만 합니다.

행복한 가정을 만들려면 어떻게 해야 할까요?

말씀 속으로

1. 믿음이 있어야 합니다.

믿음이란 신뢰하는 것입니다. 가족들이 먼저 하나님을 믿고 신뢰해야 합니다. 하나님은 만물의 주인일 뿐 아니라 가정의 주인이십니다. 하나님은 첫사람 아담과 하와를 만드시고 최초로 가정을 세워주셨습니다. 하나님을 가정의 주인으로 모시고 순종할 때 가정은 믿음 위에 서게 됩니다.

다음은 가족 상호 간에 믿음이 있어야 합니다. 아내는 남편을 믿고 남편은 아내를 믿고 부모는 자녀를 믿고 자녀는 부모를 믿고 서로 믿을 때 가정은 든든합니다.

믿음은 건물의 기초와 같습니다. 건물의 기초가 든든하지 못하면 건물이 금이 가고 무너질 수 있듯이 가정도 믿음이 없으면 언제 무너질지 모릅니다. 가정이 믿음 위에 세워지려면 서로 진실해야 합니다. 남편이 아내에게 진실해야 하고 자녀가 부모에게 진실해야 합니다. 서로 거짓을 말하고 속이다가 거짓이 드러나면 신뢰가 깨어지고 그때부터 가정은 불행이 시작됩니다.

성경읽기/ 잠언12:19을 읽고 말씀이 주는 교훈들을 찾아봅시다.

* 시127:1

2. 소망이 있어야 합니다.

소망이란 꿈 비전을 말합니다. 비전은 앞을 바라보는 것입니다. 가정에 꿈이 있고 소망이 있으면 힘들고 어려운 일이 닥쳐도 이겨나갈 수 있습니다. 근로자들이 직장에서 또는 공사장에서 땀을 흘리며 일하는 것은 월급을 받으며 승진 등의 소망이 있기 때문에 땀 흘리며 일을 합니다. 운동선수들은 올림픽에 나간다는 꿈을 가지고 메달을 바라보며 열심히 훈련을 합니다. 힘들어도 포기하지 않습니다.

가정이 천국의 소망을 가져야 합니다. 세상에서 힘든 일이 있고 때로는 억울한 일이 있어도 천국 소망을 가지면 인내하며 이겨 나갈 수 있습니다. 소망은 집을 짓는데 기둥과 같습니다.

성경읽기/ 히브리서 12:2을 읽고 누구를 바라보고 살아야 하는가 말해봅시다.

3. 사랑이 있어야 합니다.

가정은 사랑으로 세워져야 합니다. 사랑이 있을 때는 천국이 되고 사랑이 없으면 지옥이 됩니다. 가정은 하나님을 사랑하고 부부 간에 사랑해야 합니다. 사랑은 자신을 주는 것입니다. 하나님은 우리를 사랑해서 독생자 예수님을 주셨습니다. 예수님은 우리를 사랑해서 자신의 생명을 주셨습니다. 그리고 주님은 내가 너희를 사랑한 것 같이 서로 사랑하라고 하십니다. 바울은 사랑은 먼저 오래 참는 것이라고 했습니다. 부부가 사랑이 있으면 참습니다. 억울함도 참고 섭섭함도 참습니다. 힘든 일도 참고 아픔도 참습니다. 사랑은 허물은 덮어주고 잘못은 용서해 주고 아픔은 싸매 주고 상대를 배려해 주는 것입니다. 사랑은 내 유익을 구치 아니하고 상대방의 유익을 구하는 것입니다.

성경읽기/ 에베소서 5:33은 우리에게 어떻게 사랑하라고 하는지 말해봅시다.
* 고린도전서 13:13은 무엇이 제일이라고 하는지 말해봅시다.

나가는 말

가정은 하나님이 인간에게 주신 최초의 선물이며 사랑과 행복의 보금자리입니다. 가정이 행복하면 삶에 기쁨과 활력이 넘치고 가정이 불행하면 인생이 불행하고 사회가 어두워집니다. 비행 청소년들의 대부분은 가정의 불행에서 비롯됩니다. 우리는 가정의 행복을 만들어야 하고 지켜 나가야 합니다. 그러기 위해서 믿음의 터 위에 소망의 기둥을 세우고 사랑으로 장식하여 행복한 가정을 만들어 갑시다.

나눔의 시간

1. 오늘 말씀을 통하여 느낀 점을 말해봅시다.
2. 우리 가정은 서로 믿고 내 몸처럼 사랑하고 있는지 말해봅시다.

적용하기

오늘 말씀을 생활에 어떻게 적용할까 말해봅시다.

결단 및 합심기도

1. 내 몸처럼 사랑하지 못한 것들을 회개하며 가정의 행복을 만들어가고 지켜갈 것을 다짐하며 기도합시다.
2. 전도 대상자와 구역부흥 교회부흥을 위하여 기도합시다.

감사 및 알림

헌금 및 기도, 교회소식, 구역소식, 다음 모임, 주기도

제18과 사랑받는 아내의 역할

- 본문/ 잠언 31:27-31
- 인사/ 반갑습니다. 주님의 이름으로 축복합니다, 사랑합니다.
- 찬송/ 449, 434장
- 신앙고백 (기도)

말씀읽기

27 자기의 집안 일을 보살피고 게을리 얻은 양식을 먹지 아니하나니 28 그의 자식들은 일어나
감사하며 그의 남편은 칭찬하기를 29 덕행 있는 여자가 많으나 그대는 모든 여자보다 뛰어나
다 하느니라 30 고운 것도 거짓되고 아름다운 것도 헛되나 오직 여호와를 경외하는 여자는 칭
찬을 받을 것이라 31 그 손의 열매가 그에게로 돌아갈 것이요 그 행한 일로 말미암아 성문에서
칭찬을 받으리라

생각하기/ 얼마나 좋은 아내인가?

불신자 남편을 위해 오랫동안 기도해 오던 아내가 있었습니다. 어렵게 남편이 교회를 나오게 되었고 예수 믿기로 작정을 했습니다. 모처럼 남편과 둘이서 경포대 관광호텔을 빌려 오붓하게 여행을 하게 되었는데 저녁이 되어 보름달이 뜨자 아내는 잠시 산책을 하고 싶어서 남편이 샤워하는 동안 산책을 하다가 문득 이런 자연 속에서 사랑하는 남편의 신앙을 위해 뜨겁게 기도하고 싶은 마음이 들었습니다. 그래서 가까운 나무 아래에 앉아 남편을 위해 열심히 기도하기 시작했는데 얼마쯤 기도했을까 정신을 차려보니까 밤이 깊어졌습니다. 아내는 생각하기를 남편에게 자기가 얼마나 좋은 아내인가? 이렇게 기도로 희생하며 내조하는 아내가 있기에 남편은 훌륭한 믿음의 사람이 될 것이라는 확신이 들었습니다. 그런데 그 날 저녁 남편은 머리끝까지 화가 나서 혼자 차를 몰고 집으로 가 버리고 말았습니다.

말씀 속으로

1. 남편을 돕는 배필이어야 합니다.

하나님께서 최초 사람을 만드실 때 아담을 만드셨습니다. 그런데 아담 혼자 있는 것이 외로워 보여 돕는 배필로 여자인 하와를 만드셨습니다. 그러므로 아내의 역할은 자신이 돕는 배필임을 알고 남편을 잘 도와야 합니다.

아내는 남편에게 어머니의 모성애가 있어야 합니다. 어머니는 자녀를 낳는 것으로 그치지 않고 보살피고 기르고 감싸주고 사랑하며 희생합니다. 돕는 자로서 아내는 남편의 필요에 민감해야합니다. 아내는 남편과 한 몸을 이루어 남편을 도우며 남편의 보호와 사랑을 받을 때 행복과 만족을 얻게 되는 것입니다.

성경읽기/ 창세기 2:18을 읽고 왜 여자를 만들었는가 말해봅시다.

2. 남편을 존경하고 복종해야 합니다.

아내는 남편이 부족함이 있어도 남편을 존경하며 남편에게 순종해야 합니다. 요즘 사회는 맞벌이 부부가 많습니다. 아내가 남편보다 소득이 훨씬 많을 수도 있고 지위가 높을 수도 있습니다. 또한 남편보다 많이 배우고 능력 있는 아내들이 많이 있습니다. 그러다보니 능력 없는 남편이라고 남편을 무시하며 남편을 가르치려 합니다. 이런 아내는 사랑받을 수 없습니다.

아내들은 남자들의 특성을 알아야 합니다. 남편들이 제일 싫어하는 것 중의 하나가 아내의 충고입니다. 부부는 가르치려 해서는 실패합니다. 충고하려 해서는 낭패를 보게 됩니다. 남편을 변화시키는 길은 남편을 존경하고 따라주는 데서부터 시작됩니다.

또한 아내들은 남편의 요구에 민감해야 합니다. 남편들은 자신을 무시하거나 요구를 거절할 때 쉽게 상처받습니다.('가족은 선물입니다' 에서 발췌인용)

가정에서는 남편이 아내의 머리이므로 남편을 세워주고 존경해야 가정이 바로 섭니다. 이는 하나님이 세우신 가정의 질서입니다.

성경읽기/ 에베소서 5:23을 읽고 왜 아내가 복종하며 어떻게 복종해야 하는가 말해봅시다.

3. 부지런해야 합니다.

본문에는 현숙한 여인, 칭찬받는 여인이 나옵니다. 지혜로운 여인은 먼저 부지런히 손으로 일하며(13절) 밤이 새기 전에 일어난다고 하였습니다.(15절) 또한 밭을 살펴보고 사며 포도원을 일군다고 하였습니다.(16절)

또한 자기 집안 일을 잘 보살핍니다. 교회 일한다고 집안 일을 소홀히 하는 것은 옳지 않습니다. 남편들은 아내가 집안 일을 잘 살피기를 원합니다. 시댁 일도 살피고 형제간 일도 살피기를 원합니다. 이렇게 할 때 남편은 아내를 사랑하고 칭찬합니다.

성경읽기/ 잠언 31:28-29을 읽고 남편이 뭐라고 칭찬하는가 말해봅시다.

나가는 말

가정의 분위기는 아내가 만들어 갑니다. 남편이 부족한 면이 있어도 남편을 존경하며 가정 일을 잘 살피며 부지런히 일하며 자녀들을 잘 양육하고 그리스도의 사랑을 실천하면 사랑받는 아내가 됩니다.

나눔의 시간

1. 오늘 말씀을 통하여 느낀 점을 말해봅시다.
2. 나는 가정에서 남편으로부터 어느 정도 인정받고 사랑받는다고 생각하는

가 말해봅시다.

적용하기

1. 오늘 말씀을 생활에 어떻게 적용할까 말해봅시다.
2, 사랑받는 아내가 되기 위하여 내가 할 일들을 찾아보고 실천해 봅시다.

결단 및 합심기도

1. 돕는 배필로써 남편을 잘 돕지 못한 것과 남편을 존경하지 못하고 무시했던 것들, 그리고 가정 일을 소홀히 했던 것들이 있었는지 돌아보며 사랑받는 아내가 될 것을 다짐하며 기도합시다.
2. 우리 구역부흥과 교회부흥과 전도 대상자를 위하여 기도합시다.

감사 및 알림

헌금 및 기도, 교회소식, 구역소식, 다음 모임, 주기도

제19과 존경받는 남편의 역할

- 본문/ 베드로전서 3:7
- 인사/ 반갑습니다. 주님의 이름으로 축복합니다, 사랑합니다.
- 찬송/ 412, 302장
- 신앙고백 (기도)

말씀읽기

7 남편들아 이와 같이 지식을 따라 너희 아내와 동거하고 그를 더 연약한 그릇이요 또 생명의 은혜를 함께 이어받을 자로 알아 귀히 여기라 이는 너희 기도가 막히지 아니하게 하려 함이라

생각하기/ 사랑을 표현하라

영국에 몹시 무뚝뚝한 남편과 아주 싹싹하고 친절한 아내가 살았는데 이 남편은 좋아도 좋다는 표시를 하지 않고 사랑해도 사랑한다는 말을 한마디도 하지 않는 사람입니다. 이 여자는 자기가 마음에 안 들어서 그런가 보다 하고 더욱 남편의 마음에 들도록 최선을 다해 노력했습니다,

그래도 남편이 아무런 반응이 없자 자기를 싫어하나 보다 생각하고 고민을 하다가 병이나 죽어갔습니다. 그제서야 남편은 침대 앞에서 눈물을 흘리면서 "당신이 죽으면 나 어떻게 해 당신은 참 좋은 아내였는데." 라고 했습니다. 그때 죽어가던 아내가 눈을 번쩍 뜨면서 기쁨에 찬 얼굴로 남편을 쳐다 보았습니다. 그리고 말하기를 "그게 정말 이예요? 진작에 말씀하시지 않고 저는 내가 당신 마음에 안 드는 아내인줄 알고 고민하다가 이렇게 병이 났잖아요" 하고 얼마 후 숨을 거두었답니다.

말씀 속으로

1. 아내를 귀히 여겨야 합니다.

귀히 여긴다는 말은 존중이 여기라 또는 소중히 여기라는 뜻입니다. 아내는 남편과 한 몸이요 생명의 유업을 함께 받을 자입니다. 아내는 내 살 중의 살이요 뼈 중의 뼈라고 하였습니다. 그러므로 아내를 내 생명처럼 귀히 여겨야 합니다.

유교사상을 가진 남자들 중에는 아내를 집안 하인 부리듯 부리는 자들도 있고 아내의 인격을 무시하고 모든 일을 자기 뜻대로 하는 자들도 있습니다. 남편은 아내를 인격적으로 대하며 인정해야 합니다.

래리크리스텐숀은 "크리스천 부부" 라는 책에서 아내들은 남편에게 여인으로서 인정받기를 원하고 아내로서 인정받기를 원하며 남편이 자기를 보호해주고 있다는 것을 확인받기를 원하며 아내에게도 필요한 것이 있다는 것을 인정받기를 원한다고 했습니다.

남편은 아내가 상처 받지 않도록 매사에 조심하며 아내에게 관심을 가지고 귀히 여겨야 합니다.

성경읽기/ 골로새서 3:19을 읽고 남편들이 아내에게 무엇을 하지 말아야 하는지 말해봅시다.

2. 아내를 보호해야 합니다.

남편은 아내를 보호하되 몸과 마음 정신까지도 보호해야 합니다. 남편이 아내를 보양하고 돌보아야 할 것은 아내는 남편보다 더 연약한 그릇이요 생명의 유업을 함께 받을 자이기 때문입니다.

바울은 아내를 "그리스도께서 교회를 보양함 같이 하라" 고 명하였습니다.(엡 5:29) 그리스도께서 교회를 위하여 자신을 희생하셨습니다. 그러므로 그리스도께서 교회를 보양함 같이 하라는 말은 아내를 위하여 죽기를 각오하고 보양하라는 말입니다.

남편은 아내가 더 연약하다고 해서 군림하는 존재가 아니라 보호하고 지켜야할 존재입니다. 아내가 힘들고 피곤할 때 남편이 아내를 돕고 위로해야 하며 아내와 가족을 부양해야 합니다.

성경읽기/ 에베소서 5:25을 읽고 남편들이 어떻게 아내를 사랑해야 하는지 말해봅시다.

3. 아내를 사랑해야 합니다.

성경은 남편과 아내관계를 그리스도와 교회관계로 설명하면서 그리스도께서 교회를 사랑함같이 남편들은 아내를 사랑하라고 말하고 있습니다.(엡 5:28) 이는 남편들이 아내를 위하여 죽기까지 사랑해야 한다는 말입니다. 현대가정의 문제들은 대부분 사랑의 결핍에서 비롯되고 있습니다. 사랑의 특성은 오래참음, 온유함, 겸손함, 예의바름, 성실함, 성내지 않음, 자기유익 구하지 않음 등 임을 성경은 말하고 있습니다.(고전 13:4-8) 그러나 오늘 많은 남편들에게 이 같은 사랑이 결핍되어 있어 가정을 불행하게 만들고 있습니다.

성경읽기/ 에베소서 5:28을 읽고 남편들은 아내를 어떻게 사랑하고 왜 그렇게 사랑해야 하는지 말해봅시다.

나가는 말

가정은 부부의 결합으로 세워집니다. 남편과 아내는 남남이면서도 결혼을 통하여 하나가 되는 신비스러운 관계입니다. 가정의 구심점은 남편이 됩니다.

남편은 가정의 책임자이며 의사 결정자입니다. 남편은 가정의 모든 일에 책임을 져야 합니다. 남편은 가정의 머리요 보호자요 양육자로서 아내를 보호하며 존귀히 여기고 아내를 내 몸처럼 사랑하므로 존경받는 남편이 될 수 있습니다.

나눔의 시간

1. 오늘 말씀을 통하여 느낀 점을 말해봅시다.
2. 남편들이 어느 정도 아내를 보호하고 존귀히 여기고 사랑하고 있다고 생각하는지 말해봅시다.

적용하기

1. 오늘 말씀을 생활에 어떻게 적용할까 말해봅시다.
2. 남편이 아내에게 해야 할 것들과 남편이 나에게 해주기를 바라는 것들을 나누며 적용해 봅시다.

결단 및 합심기도

말씀대로 실천하지 못한 것을 회개하며 말씀 실천할 것을 다짐하며 기도합시다. 구역부흥과 교회부흥과 전도 대상자를 위하여 기도합시다.

감사 및 알림

헌금 및 기도, 교회소식, 구역소식, 다음 모임, 주기도

제20과 부모 공경과 자녀교육

- 본문/ 에베소서 6:1-4
- 인사/ 반갑습니다. 주님의 이름으로 축복합니다, 사랑합니다.
- 찬송/ 546, 563장
- 신앙고백 (기도)

말씀읽기

1 자녀들아 주 안에서 너희 부모에게 순종하라 이것이 옳으니라 2 네 아버지와 어머니를 공경
하라 이것은 약속이 있는 첫 계명이니 3 이로써 네가 잘되고 땅에서 장수하리라 4 또 아비들아
너희 자녀를 노엽게 하지 말고 오직 주의 교훈과 훈계로 양육하라

생각하기/ 무덤에서 발견된 아버지 시신

2007년에 73세 할아버지가 3세 연상의 할머니와 함께 자식 6명 중 3명은 교수로 3명은 의사로 키우며 행복하게 살다가 할머니가 세상을 떠났습니다. 장례를 치루고 삼우제를 끝내고 방에서 쉬는 데 옆방에서 언성이 높아지며 다투는 소리를 나서 들어보니 누가 아버지를 모실 것인가를 놓고 서로 안모시려고 핑계를 대며 다투는 것입니다. 평생 자식들을 위해 돈 벌어 자식들을 대학교수와 의사로 만들어 놨더니 이제 와서 홀로 된 아버지 안모시겠다고 핑계 대는 소리를 듣고 충격을 받아 추운 겨울에 조용히 집을 나가 할머니 무덤으로 갔습니다. 자녀들은 아버지가 없어졌다고 경찰에 신고하였는데 얼마 후 할머니의 묘 앞에서 죽은 시신을 발견하여 부검 결과 얼어 죽은 것으로 나왔습니다. 이 세상은 부모에 대한 순종과 공경이 점점 사라지고 있는 세상입니다. 이는 말세의 특징이기도 합니다.(딤후 3:2) 성경은 부모와 자녀에 대하여 어떻게 하라고 가르치고 있나요?

말씀 속으로

1. 자녀는 부모에게 순종해야 합니다.

2010년 10월26일 서울 성동구에 사는 중2년(13세)학생이 집에 휘발유를 뿌리고 불을 질러 부모와 할머니 여동생을 살해한 사건이 발생했습니다. 이 학생은 경찰에서 왜 휘발유를 뿌려 부모를 죽였느냐는 질문에 부모가 공부 안한다고 꾸짖고 공부하라는 말 듣기 싫어 불을 질렀다고 했습니다. 또 동년 5월1일에는 서울 성동구에 사는 17세 김군이 엄마를 때려 숨지게 하였습니다. 이는 엄마가 학교 가라고 귀찮게 한다고 때려 죽였다고 했습니다.

바울 사도는 자녀들은 모든 일에 부모에게 순종하라고 명하고 있습니다.(골 3:20) 모든 일이라 함은 부모가 죄를 짓도록 가르치는 것까지를 말함은 아닙니다. 부모의 생각이 나와 다르고 하는 방법이 나와 달라도 부모 말씀에 순종하라는 것입니다.

이삭은 아버지가 자기를 제물로 바쳐 죽이려 하는데도 순종하였습니다. 자녀는 부모를 통해 이 땅에 태어납니다. 부모는 가정에서는 하나님의 권위를 위임 받은 대리자입니다. 그러므로 부모를 거역하는 것은 하나님을 거역하는 것이 됩니다.

성경읽기/ 에베소서 6:1 말씀을 읽고 주안에서의 의미를 말해봅시다.

2. 부모를 공경해야 합니다.

공경이란 말은 부모를 높이며 효를 행하는 것을 의미합니다. 현대 가정의 문제점들 중 하나는 부모가 이용 가치가 있을 때는 부모를 모시고 살고 부모에게 자녀를 맡기고 공경하지만 부모가 늙고 힘이 없어 아기도 못 봐주고 병들어 눕게 되면 부모를 모시지 않으려 하고 부모를 구박하거나 귀찮은 존재로 여깁니다. 심지어는 부모를 버리거나 죽게 하는 경우도 발생합니다.

성경은 "아비나 어미를 치는 자는 반드시 죽이라" 하고(출 21:15) 부모를 공경하는 자는 땅에서 잘되리라고 복을 약속했습니다.(엡 6:3) 자녀는 부모에게 효를 행하며 공경하는 것이 자식된 도리입니다.

성경읽기/ 잠언 23:25 말씀은 무엇을 교훈하고 있는지 말해봅시다.

3. 부모는 자녀를 하나님 말씀으로 길러야 합니다.

부모의 사명 중 첫째는 자녀 양육입니다. 오늘 자녀들이 부모를 거역하는 것은 교육을 바로 하지 않은 데서 발생한 것입니다. 부모가 자녀로 하여금 하나님 섬기는 법을 가르치고 하나님 말씀을 바르게 심어준다면 자녀가 곁길로 가지 않습니다.

지혜의 왕 솔로몬은 "마땅히 행할 길을 아이에게 가르치라 그리하면 늙어도 그 길을 떠나지 아니하리라" 고 하였습니다.(잠 22:6) 마땅히 행할 길은 하나님 말씀이요 하나님 사랑하는 법과 이웃 사랑하며 사는 법입니다. 하나님은 부모들이 먼저 말씀을 마음에 새기고 자녀들에게 부지런히 가르치라고 명하셨습니다.(신 6:6-7) 부모는 자녀에게 삶에서 본을 보이며 자녀를 사랑으로 양육해야 합니다.

성경읽기/ 에베소서 6:4 말씀을 읽고 주의 교훈과 훈계의 의미를 말해봅시다.

나가는 말

하나님은 자녀교육을 일차적으로 부모에게 맡겼습니다. 하나님은 가정을 교육의 장소로 정하시고 부모를 교사로 세우신 것입니다. 자녀의 탈선은 전적으로 부모에게 책임이 있다고 할 수 있습니다. 현대 학교나 학원의 교육은 인격교육이나 생활교육 신앙교육이 아니라 기계화 교육입니다. 부모는 가정에서 자녀에게 바른 인생, 바른 사람, 바른 가치관을 심어줘야 하고 바른 신앙을 가지고 살도록 가르쳐야 합니다.

나눔의 시간

1. 나는 자녀를 어떻게 교육하고 있는지 나눠 봅시다.
2. 나는 부모를 어떻게 공경하고 있는지 나눠 봅시다.

적용하기

오늘 말씀인 부모공경과 자녀교육에 대하여 생활에 어떻게 적용할까 말해 봅시다.

결단 및 합심기도

1. 부모를 잘 공경하지 못한 것과 자녀를 하나님의 말씀으로 잘 양육하지 못한 것을 회개하며 말씀대로 실천할 것을 다짐하며 기도합시다.
2. 우리 구역 부흥과 교회부흥과 전도 대상자를 위하여 기도합시다.

감사 및 알림

헌금 및 기도, 교회소식, 구역소식, 다음 모임, 주기도

제21과 생명의 말씀

- 본문/ 히브리서 4:12
- 인사/ 반갑습니다. 주님의 이름으로 축복합니다, 사랑합니다.
- 찬송/ 202, 204장
- 신앙고백 (기도)

말씀읽기

하나님의 말씀은 살아 있고 활력이 있어 좌우에 날선 어떤 검보다도 예리하여 혼과 영과 및 관절과 골수를 찔러 쪼개기까지 하며 또 마음의 생각과 뜻을 판단하나니

생각하기/ 영원한 베스트셀러

인류 역사 가운데 가장 큰 영향력을 끼친 책은 어떤 책일까요? 그것은 성경임을 부인할 사람은 별로 없을 것입니다. 링컨 대통령은 "하나님이 인류에게 주신 가장 큰 선물은 성경이며 세상에 아무리 많은 책을 모아도 성경 한 권을 능가할 수 없다" 고 하였으며 엘리자베스 여왕은 "나는 영국을 버릴지라도 성경은 버릴 수 없다 영국은 성서로 부강해졌기 때문이다" 고 하였습니다.

역사상 큰 업적을 남긴 정치가나 예술가, 과학자, 문학자 등 수많은 위인들은 대부분 직접 간접으로 성경의 영향을 받았습니다. 성경은 역사상 최장수 베스트셀러 자리를 계속 유지해온 것으로도 위의 사실이 진실임을 입증해 줍니다. 성경이 무엇이기에 이같이 큰 영향을 끼치고 있을까요?

말씀 속으로

1. 성경은 하나님의 말씀입니다.

성경은 하나님의 말씀으로 우리의 영혼을 살리는 생명의 양식입니다. 베드로 사도는 "성경(예언의 말씀)은 언제든지 사람의 뜻으로 낸 것이 아니요 오직 성령의 감동하심을 받은 사람들이 하나님께 받아 말한 것" 이라고 하였습니다.(벧후 1:21) 성경은 많은 부분이 예언으로 되어 있습니다. 이 예언들은 사람이 자기 뜻대로 말한 것이 아니라 하나님께 받아 말한 것입니다.

또한 성경 속에는 이스라엘의 역사 가운데 일어났던 사건들도 많이 기록되어 있습니다. 이 같은 사건들은 단순한 사건이나 역사가 아니라 하나님께서 어떻게 역사를 섭리하셨는가를 깨닫게 하기 위해 기록한 것들입니다. 모든 성경은 하나님의 감동으로 기록되었으며 하나님께 받아 기록하였으므로 하나님의 말씀입니다.

성경읽기/ 디모데후서 3:16 말씀을 읽고 왜 성경이 하나님의 말씀이며 어떤 유익이 있는지 말해봅시다.

2. 성경은 하나님의 사랑의 편지요 천국의 이정표입니다.

사람의 마음은 그 사람의 말이나 글을 통하여 알 수 있듯이 우주 만물을 창조하신 하나님의 마음도 하나님의 말씀인 성경을 통하여 알 수 있습니다. 성경 속에는 하나님께서 우리를 사랑한다는 말씀으로 가득 차 있습니다.

사랑의 사도인 요한은 하나님이 우리를 사랑하사 독생자 예수님을 주셨다고 하였습니다.(요 3:16) 하나님의 사랑은 자기의 독생자이신 예수님을 이 땅에 보내신 것으로 나타났습니다.(요일 4:9)

인간은 누구든지 하나님이 보내신 그 아들 예수님을 믿음으로 멸망치 않고

영생을 얻게 됩니다.(요 3:16)

성경읽기/ 사도행전 16:31에서 사람이 구원받는 길은 무엇인가 말해봅시다.
* 왜 예수님만이 구원자인지를 말해봅시다.(행 4:12)

3. 성경은 인류의 미래를 알려주는 예언서요 특별계시입니다.

예언이란 앞일을 미리 말하는 것을 예언이라고 합니다. 사람은 하루 앞일도 잘 모릅니다. 누가복음에 12장에 나오는 부자는 많은 재물을 쌓아놓고 이제 여러 해 쓸 물건을 많이 쌓아두었으니 평안히 쉬고 먹고 마시고 즐거워하자고 했습니다.(눅 12:19) 그때 주님께서는 "오늘밤 네 영혼을 도로 찾으리니"...라고 하였습니다.

야고보 선생은 우리 인생은 내일 일을 모른다고 했습니다. "내일 일을 너희가 알지 못하는도다 너희 생명이 무엇이뇨 너희는 잠깐 보이다가 없어지는 안개니라"(약 4:14)

그런데 성경은 인류역사의 시작부터 끝날까지를 기록해 놓았습니다. 성경의 첫 장인 창세기를 열면 우주의 기원과 인류의 기원 그리고 죄의 시작과 인간의 타락, 그리고 언어 인종 나라들의 기원이 나오며 성경의 마지막책인 계시록은 인류의 운명과 지구의 종말에 대하여 밝혀 주고 있습니다. 인류의 역사는 성경에 예언된 대로 진행되고 있습니다. 그러므로 우리는 부지런히 성경을 읽고 듣고 배워 말씀 따라 살면 미래의 일을 알고 미래를 대비하는 지혜로운 삶을 살게 됩니다.

말씀읽기/ 베드로후서 3:7에서 장차 하늘과 땅은 어떻게 된다고 하였나요?
* 언제 이 같은 일이 일어날까요?(벧후 3:10)

나가는 말

성경은 하나님의 말씀입니다. 하나님은 성경으로 오늘도 우리에게 말씀하십니다. 성경 속에는 하나님의 사랑과 마음과 뜻이 담겨있고 우리 인류가 영원히 사는 길이 계시되어 있습니다. 성경을 열심히 읽고 듣고 배우며 실천하면 큰 복을 받게 됩니다.

나눔의 시간

1. 오늘 말씀을 통하여 느낀 점을 말해봅시다.
2. 나는 성경을 매일 어떻게 읽고 있는가 말해봅시다.

적용하기

오늘 말씀을 생활에 어떻게 적용할까 말해봅시다.

결단 및 합심기도

1. 매일 말씀을 읽지 못하고 실천하지 못한 것들이 있으면 회개하며 매일 말씀을 읽고 실천할 것을 다짐하며 기도합시다.
2. 우리 구역부흥과 교회부흥과 전도 대상자를 위하여 기도합시다.

감사 및 알림

헌금 및 기도, 교회소식, 구역소식, 다음 모임, 주기도

제22과 성경의 기능과 역할

- 본문/ 시편 19:7-8
- 인사/ 반갑습니다. 주님의 이름으로 축복합니다, 사랑합니다.
- 찬송/ 200, 84장
- 신앙고백 (기도)

말씀읽기

7 여호와의 율법은 완전하여 영혼을 소성시키며 여호와의 증거는 확실하여 우둔한 자를 지혜롭게 하며 8 여호와의 교훈은 정직하여 마음을 기쁘게 하고 여호와의 계명은 순결하여 눈을 밝게 하시도다

생각하기/ 성경의 저자

성경은 하나님의 사람들 40여 명에 의하여 1600년에 걸쳐 기록되었습니다. 성경을 기록한 자들의 신분과 직업은 어부로부터 시작하여 농부, 목동, 왕, 선지자, 학자, 세리, 의사 등 다양합니다. 그럼에도 불구하고 66권 전체가 마치 한사람에 의하여 쓰여진 것처럼 하나의 사상과 하나의 목적으로 통일되어 있습니다. 이는 성경을 기록한 사람들이 하나님의 영감으로 하나님의 뜻에 따라 기록하였기 때문입니다.(벧후 1:21) 하나님의 말씀인 성경은 놀라운 신적인 기능을 가지고 있으며 놀라운 역할을 합니다. 성경은 어떤 기능이 있으며 어떤 역할을 할까요?

말씀 속으로

1. 성경은 씨로서 생명을 거듭나게 합니다.(벧전 1:23)

하나님의 말씀인 성경은 씨, 젖, 떡, 거울, 등불, 검, 불, 방망이 등 여러 가지

로 비유를 하고 있습니다. 이는 성경의 기능과 역할을 나타내는 비유들 입니다.

베드로 사도는 말씀을 씨와 젖으로 비유하면서 "너희가 거듭난 것이 썩어질 씨로 된 것이 아니고 썩지 아니할 씨로 된 것이니 살아있고 항상 있는 하나님의 말씀으로 된 것이라" (벧전 1:23)고 하였습니다.

거듭난다는 말은 하나님의 자녀로 나는 것이요 천국 가는 생명을 받는 것을 말합니다. 사람이 거듭나지 아니하면 하나님 나라를 갈 수 없습니다. 하나님의 자녀로 나는 것은 예수님을 구주로 믿고 영접하는 것입니다.(요 1:12)

예수님이 하나님의 아들로 우리 죄를 대신하여 죽으시고 부활하신 것과 승천, 재림하실 것을 믿고 예수님을 마음에 주인으로 모셔드릴때 거듭납니다. 하나님의 말씀은 썩지 아니 할 영적인 생명을 가진 씨입니다.

성경읽기/ 다음 말씀을 읽고 거듭남의 중요성에 대하여 말해봅시다.(요 3:3)

2. 성경은 젖의 역할을 합니다.

아이가 태어나면 젖을 먹어야 자라듯이 예수 믿는 사람은 영적인 젖인 하나님의 말씀을 먹어야 믿음이 자랍니다.

예수님은 마귀가 시험할 때 사람이 떡으로만 사는 것이 아니요 하나님의 말씀으로 산다고 하였습니다.(마 4:4) 육의 사람은 육의 양식을 먹어야 살 수 있습니다. 예수 믿는 사람은 거듭난 생명 즉 천국생명을 가졌습니다. 이 거듭난 생명은 하나님의 말씀을 먹어야 건강하게 성장할 수 있습니다. 우리가 매일 밥을 세끼씩 먹듯이 영의 양식인 말씀도 매일 읽고 들어야 합니다.

어린아이가 젖을 사모하듯 거듭난 그리스도인들은 영의 젖인 하나님의 말씀을 사모해야 합니다. 말씀 읽기를 사모하고 듣기를 사모하고 행하기를 힘써야 합니다.

성경읽기/ 베드로전서 2:2 말씀을 읽고 베드로 사도는 어떻게 말씀을 사모하며 왜 사모하라고 하였는지 말해봅시다.

3. 말씀은 검의 기능이 있습니다.

바울 사도는 말씀을 성령의 검이라고 하였습니다.(엡 6:17) 히브리서 기자는 "하나님의 말씀은 살았고 활력이 있어 좌우에 날선 어떤 검보다도 예리하여 혼과 영과 관절과 골수를 찔러 쪼개기까지 하며 마음의 생각과 뜻을 판단한다."고 하였습니다.(히 4:12)

검은 적과 싸울 때 공격용 무기이며 또한 제물을 자르고 쪼갤 때 쓰이며 수술 도구로도 쓰입니다.

바울은 에베소서에서 마귀를 물리치기 위하여 성령의 검인 하나님의 말씀을 가지라고 하였습니다.(엡 6:11,17)

예수님도 마귀의 시험이 왔을 때 말씀으로 마귀를 대적하여 물리쳤습니다.(마 4:10)

성경읽기/ 다음 말씀을 읽고 말씀의 기능을 말해봅시다. 시 119:50

나가는 말

성경은 여러 가지 기능을 가지고 있습니다. 우리 영혼을 소성케 하고 지혜를 주며 마음을 기쁘게 하고 눈을 밝게 하며(시 19:7-8) 등과 빛으로 길을 밝혀주고(시 119:105) 불과 방망이로 심령을 새롭게도 합니다.(렘 23:29)

성경은 조금도 틀리거나 오류가 없는 하나님의 말씀으로 성경을 읽고 듣고 배우면 믿음이 자라고 지혜가 자라며 새 힘을 얻게 되고 소망을 얻게 되며 축복을 받게 됩니다. 역사 이래 위인들은 성경을 읽고 배운 자들 입니다.

성경을 읽고 듣고 배워 믿음이 강해지고 새힘 얻어 승리하는 삶을 사시기를 바랍니다.

나눔의 시간

1. 오늘 말씀을 통하여 느낀 점을 말해봅시다.
2. 말씀이 나에게 힘이 되고 위로가 된 경험들이 있는가 말해봅시다.

적용하기

오늘 말씀을 생활에 어떻게 적용할까 말해봅시다.

결단 및 합심기도

1. 지금까지 말씀을 간절히 사모하지 못한 점을 회개하며 매일 말씀을 사모하여 말씀의 검을 사용하여 승리하는 삶을 살 것을 다짐하며 기도합시다.
2. 우리 구역 부흥과 교회부흥과 전도 대상자를 위하여 기도합시다.

감사 및 알림

헌금 및 기도, 교회소식, 구역소식, 다음 모임, 주기도

제23과 성경의 목적과 핵심

- 본문/ 요한복음 20:31
- 인사/ 반갑습니다. 주님의 이름으로 축복합니다, 사랑합니다.
- 찬송/ 85, 294장
- 신앙고백 (기도)

말씀읽기

오직 이것을 기록함은 너희로 예수께서 하나님의 아들 그리스도이심을 믿게 하려 함이요 또 너희로 믿고 그 이름을 힘입어 생명을 얻게 하려 함이니라

생각하기/ 살아 있는 책

성경은 구약 39권, 신약 27권, 합 66권이 합해서 한 권으로 묶어졌습니다. 구약 성경은 예수님이 이 땅에 오시기 전의 하나님의 언약의 말씀과 역사를 기록한 것으로 천지 만물의 창조로부터 시작하여 인간의 창조와 타락 그리고 인간의 구원을 위한 하나님의 계획 등이 들어있는데 죄를 지은 인간을 구원하시기 위하여 구원자 예수님을 보내시겠다는 말씀이 중심입니다.

신약성경은 예수님이 오신 이후의 말씀을 기록한 것입니다. 여기에는 예수님의 생애와 사역, 죽으심과 부활 승천과 재림 등에 관한 것과 역사의 종말과 내세에 관한 일까지 기록되어 있습니다. 그리고 하나님이 약속하신 구원자 예수님이 오셔서 인간의 죄 문제를 해결하시고 천국으로 가셨으며 마지막 날에 다시 오시리라는 말씀이 핵심입니다. 성경을 살아있는 책입니다. 성경을 기록한 목적은 무엇일까요?

말씀 속으로

1. 예수님이 하나님의 아들이심을 믿게 하기 위함입니다.

성경은 예수님이 하나님의 아들이심을 곳곳에서 밝혀주고 있습니다. 처녀 마리아에게 천사가 나타나 "네가 아들을 낳으리라"고 하자 마리아는 놀라며 "나는 사내를 알지 못한 처녀인데 어찌 아이를 낳을 수 있겠냐" 고 반문했습니다. 그 때 천사는 "나실 바 거룩한 자는 하나님의 아들이라"고 알려 주었습니다.(눅 1:34-35)

또한 예수님이 세례 받으시고 물에서 나오실 때 하늘로부터 소리가 들리기를 "이는 내 사랑하는 아들이라"고 하셨습니다.(마 3:17)

예수님께서 제자들과 전도를 다니시다가 가이사랴 빌립보 지방에서 제자들에게 물었습니다. "너희는 나를 누구라 생각하느냐" 그때 수제자 베드로는 "주는 그리스도시요 살아계신 하나님의 아들"이라고 대답하였습니다.(마 16:16)

예수님이 하나님의 아들이신데도 당시 유대지도자들은 예수님을 하나님의 아들로 인정치 않았습니다. 그러므로 예수님이 하나님의 아들되심을 믿게 하기 위하여 성경을 기록하였습니다.

성경읽기/ 마태복음 27:54을 읽고 백부장은 예수님에 대하여 뭐라고 하였으며 그 고백이 주는 의미를 말해봅시다.

2. 예수님이 그리스도이심을 믿게 하기 위함입니다.

그리스도란 헬라어의 크리스토스 즉 기름부음 받은 자로 히브리어의 메시아와 같은 의미입니다. 이는 구원자를 뜻하는 예수님의 칭호입니다.

오늘 말씀에 "이것을 기록함은 예수님이 하나님의 아들 그리스도임을 믿게 함이라"고 밝혀주고 있습니다. 당시 유대인들은 메시아 그리스도를 기다리고 있었습니다. 사람들은 그리스도가 오셨는데도 그를 그리스도로 알아보질 못했습니다. 마치 외국에 나간 아빠가 왔는데 자녀가 아빠를 알아보지 못하고 아빠 언제 오냐고 기다리는 아이와 같습니다. 그러므로 성경의 기록자는 예수님이 그리스도임을 믿게 하기 위해 기록하였습니다.

성경읽기/ 요한복음 4:25-26을 읽고 여인은 누가 오실 줄 안다고 하였으며 그 의미를 말해봅시다.

3. 믿고 영생을 얻게 하기 위해 기록했습니다.

아담의 후손인 인류는 모두 죄인이 되었습니다.(롬 5:12) 죄의 값은 사망입니다.(롬 6:23) 하나님은 죄에 빠진 인생을 구원하기 위해 독생자 그리스도를 세상에 보내셨습니다.(요 3:16) 그러나 사람들은 그리스도가 자기 땅에 오셨건만 알아보지 못하고 영접하지 않았습니다.(요 1:11)

하나님께서는 예수님을 그리스도로 영접하고 그 이름을 믿는 자는 하나님의 자녀가 되는 권세를 주셨습니다.(요1:12) 사도 요한은 사람들로 하여금 예수님이 그리스도이심을 믿고 영생을 얻도록 하기 위하여 성경을 기록하였습니다.

* 요한복음 5:39을 읽고 저들은 왜 성경을 연구하였으며 예수님은 이 성경은 누구에 대하여 증언하는 것이라고 하였나요?

나가는 말

성경의 핵심은 예수님입니다. 예수님은 하나님의 아들 그리스도이십니다. 성경은 예수님이 하나님의 아들 그리스도로 인류의 구원자임을 알게 하고 그를 믿음으로 구원받도록 하기 위해 기록하였습니다. 우리는 성경을 읽을 때에 성경 속에서 예수님을 만나야 합니다. 모든 성경은 예수님에 대하여 증언하고 있습니다. 이 성경이 서점마다 쌓여 있는데도 구원받지 못하고 지옥 간다면 얼마나 안타까운 일인가요.

나눔의 시간

1. 오늘 말씀을 통하여 느낀 점을 말해봅시다.
2. 만일 내가 예수님 시대에 살았다면 나는 예수님을 하나님의 아들 구원자로 믿을 수 있었을까 나눠 봅시다.

적용하기

오늘 말씀을 생활에 어떻게 적용할까 말해봅시다.

결단 및 합심기도

1. 말씀을 주신 하나님께 감사하지 못한 것을 회개하며 하나님께 감사드리며 열심히 말씀을 읽고 실천할 것을 다짐하며 기도합시다.
2. 구역 부흥과 교회부흥과 전도 대상자를 위하여 기도합시다.

감사 및 알림

헌금 및 기도, 교회소식, 구역소식, 다음 모임, 주기도

제24과 말씀에 대한 우리의 자세

- 본문/ 데살로니가전서 2:13
- 인사/ 반갑습니다. 주님의 이름으로 축복합니다, 사랑합니다.
- 찬송/ 285, 90장
- 신앙고백 (기도)

말씀읽기

이러므로 우리가 하나님께 끊임없이 감사함은 너희가 우리에게 들은 바 하나님의 말씀을 받을 때에 사람의 말로 받지 아니하고 하나님의 말씀으로 받음이니 진실로 그러하도다 이 말씀이 또한 너희 믿는 자 가운데에서 역사하느니라

생각하기/ 아름다운 신앙

데살로니가 교회 성도들은 아름다운 신앙을 가졌습니다. 저들은 믿음의 역사와 사랑의 수고와 소망의 인내를 가지고 환난 가운데서도 기쁨으로 말씀을 받으며 주님을 본받고 모든 믿는 자의 본이 되었습니다.(살전1:3-7) 바울 사도는 데살로니가 교회 성도들의 믿음의 소문이 각처에 퍼졌다고 하였으며(1:8) 저들은 하나님의 가르침을 받아 형제를 서로 사랑함으로 형제 사랑에 대하여 쓸 것이 없다고 칭찬하였습니다.(4:9) 또한 때와 시기에 관하여서도 저들은 주의 날이 밤에 도적같이 이를 줄 자세히 알기 때문에 쓸 것이 없다고 하였습니다. 데살로니가 성도들은 참으로 모범적이고 아름다운 신앙을 가졌습니다. 데살로니가 성도들이 어떻게 이와 같은 신앙을 가졌을까요?

말씀 속으로

1. 저들은 말씀을 들을 때 하나님의 말씀으로 받았습니다.

저들은 사도들이나 전도자가 와서 말씀을 전할 때 그 말씀을 사람의 말로 받지 않고 하나님의 말씀으로 받아 그대로 실천하였습니다.

하나님의 말씀으로 받았다는 말은 이 말씀이 하나님이 직접 하시는 말씀으로 받았다는 의미입니다. 말씀을 하나님의 말씀으로 듣고 받으면 그 말씀이 속에서 역사하게 됩니다. 강단의 설교자는 하나님을 대신하여 하나님의 말씀을 전하는 자입니다. 그러므로 설교자들은 자신의 말을 전하지 않아야 하고 하나님의 말씀을 바르게 전해야 합니다. 성도들은 그 말씀을 하나님의 말씀으로 받아야 말씀이 능력이 되고 축복이 됩니다.

성경읽기/ 데살로니가전서 2:13을 읽고 그들과 나 자신과 비교해서 느낀 점을 말해봅시다

2. 저들은 말씀을 받은 대로 실천하였습니다.

데살로니가 교인들은 형제를 사랑하였습니다. 바울 사도는 형제 사랑에 대하여는 너희에게 쓸 것이 없다고 하였습니다.(4:9) 왜 쓸 것이 없다고 하였나요? 이는 저들이 가르침을 받은 대로 잘 실천하고 있었기 때문입니다. 저들은 마게도니아의 형제들이 어려움을 겪을때 헌금으로 마게도니아 성도들을 도왔습니다.(4:10)

저들은 말씀을 받을 때에 하나님의 말씀으로 받고 가르침을 받을 때도 하나님의 가르침을 받아 서로 사랑하였다고 했습니다. 우리는 말씀을 배울 때에 하나님의 가르침으로 배워야 합니다. 그리고 그대로 실천해야 역사가 일어납니다.

성경읽기/ 데살로니가전서 4:9을 읽고 나에게 적용해서 말해봅시다.

3. 저들은 기쁨으로 말씀을 받았습니다.

데살로니가전서 1장 6절에 보면 많은 환란가운데서 성령의 기쁨으로 말씀을 받아 우리와 주를 본받는 자가 되었다고 하였습니다. 저들은 말씀을 사모하였기에 말씀을 들을 때 기쁨으로 받았습니다. 하나님의 말씀을 받을 때 기쁨으로 받고 감사함으로 받으면 믿음이 자라고 복이 됩니다. 믿음은 들음에서 납니다.(롬 10:17)

베드로 사도는 말씀을 사모하라고 하였습니다.(벧전 2:2-3) 말씀을 사모하여 부지런히 읽고 듣고 배우면 믿음이 성장하고 그 말씀이 우리를 든든히 세워줍니다.(행 20:32) 그리고 그 말씀을 지키면 축복이 옵니다. 사도 요한은 예언의 말씀을 읽고 듣고 지키는 자가 복이 있다고 하였습니다.(계 1:3)

성경읽기/ 신명기 28:1을 읽고 말씀을 지키는 자에게 어떤 복이 약속되었는가 말해봅시다.

* 다윗은 말씀을 무엇보다 더 사모한다고 하였는지 찾아봅시다.(시 19:11)

나가는 말

성경은 숨겨진 보물과 같습니다. 깊이 들어가면 들어갈수록 더 많은 보화를 캐내게 됩니다. 다윗은 주의 말씀을 많은 금보다 더 사모한다고 하였으며 꿀과 송이꿀보다 더 달다고 하였고 주의 종이 이를 지킴으로 상이 크다고 하였습니다.(시 19:10-11) 또한 시인은 주의 계명들을 사모하므로 입을 열고 헐떡였다고 하였으며(시 119:131) 주의 의로운 규례들을 지키기로 맹세하고 굳게 정하였다고 하였습니다.(시 119:106)

말씀을 사모하므로 읽고 듣고 지키면 큰 축복을 받습니다.(계 1:3)

나눔의 시간

1. 오늘 말씀을 통하여 느낀 점을 말해봅시다.
2. 나는 정금(돈)과 말씀 중 어느 것을 더 바라고 사모하는지 말해봅시다.

적용하기

오늘 말씀을 생활에 어떻게 적용할까 말해봅시다.

결단 및 합심기도

1. 말씀을 읽고 들을 때 하나님의 말씀으로 받지 않고 말씀을 사모하고 지키지 않은 것들이 있으면 회개하며 이제 말씀을 들을 때 하나님의 말씀으로 받고 지킬 것을 다짐하며 기도합시다.
2. 우리 구역 부흥과 교회부흥과 전도 대상자를 위하여 기도합시다.

감사 및 알림

헌금 및 기도, 교회소식, 구역소식, 다음 모임, 주기도

제25과 이웃을 사랑하는 생활

- 본문/ 마태복음 22:39-40
- 인사/ 반갑습니다. 주님의 이름으로 축복합니다, 사랑합니다.
- 찬송/ 393, 91장
- 신앙고백 (기도)

말씀읽기

39 둘째도 그와 같으니 네 이웃을 네 자신 같이 사랑하라 하셨으니 40 이 두 계명이 온 율법과 선지자의 강령이니라

생각하기/ 누가 제노비스를 죽였는가!

수년전 미국 뉴욕에서 "38인의 목격자" 라는 사건이 있었습니다. 28세 제노비스라는 여비서가 회사에서 밤늦게 끝나 귀가 중 집 앞에서 모즐리스 라는 살인강도를 만났습니다. 그는 칼에 찔려 살려 달라고 비명을 질렀습니다. 이때 아파트에서 불을 켜고 창문을 열고 내다보는 사람들은 있었는데 도와주러 나온 자는 없었습니다. 결국 제노비스는 성폭행당하고 칼에 찔려 죽게 됩니다. 다음날 경찰이 수사하는 중애 새벽에 비명 소리를 들은 사람이 있는지 조사했더니 38명이 들었다고 하였습니다.
왜 도와주지 않았느냐고 물으니 "끼어들고 싶지 않았다. 개입하면 경찰이 오라 가라 할 테니 귀찮아서 하지 않았다" 는 것입니다. 이를 언론에서는 무책임한 방관자, 살인의 공범자라고 하였습니다. 오늘 이와 비슷한 일들은 우리 주변에서도 종종 발생합니다. 현대인들은 자기와 관계없는 일, 유익되지 않는 일에는 무관심합니다. 그러나 예수님은 이웃을 사랑하라고 말씀합니다. 이웃을 어떻게 사랑할까요?

말씀 속으로

1. 이웃을 자신처럼 사랑하라 하셨습니다.

자신처럼 사랑하라는 말은 내 몸처럼 사랑하라는 말입니다.

하루는 성 프란시스가 길을 가다가 우연히 나환자를 지나치게 되었습니다. 나환자를 본 순간 마음에서 갈등이 생겼습니다. 그에게 다가갈까 그냥 갈까 하며 지나쳤는데 성령님께서 그의 마음을 움직여 기도했습니다. "주님 제가 나환자를 그냥 지나쳤는데 그것이 잘못입니까?" 그러자 주님께서 "네가 왜 그를 그냥 지나쳤느냐?" 그가 너무 더럽게 느껴졌습니다. 그 때 주님은 "너는 그 나환자 보다 나으냐? 너도 그 나환자 보다도 더 더럽혀진 죄인이었다. 그런데 난 너의 모습을 그대로 받아주고 사랑했었단다". 그는 다시 나환자에게 돌아가 그에게 입 맞추고 축복기도를 해주었습니다.

우리는 이웃을 돌아 보아야 합니다. 우리 이웃 중에 고통 당한 자가 있는지 살펴야 합니다. 특별이 구역식구 중에 어려움 당한 식구가 있는지 살펴야 합니다. 그리고 서로 힘을 합쳐서 도와야 합니다. 위해서 기도해 주며 사랑의 손길을 펴야 합니다.

성경읽기/ 갈라디아서 6:10을 읽고 언제 누구에게 착한 일을 하라고 하였는가 말해봅시다.

2. 이웃이 고난 당할 때 도와야 합니다.

한 율법사가 예수님께 우리의 이웃이 누구냐고 물었습니다. 예수님은 선한 사마리아 사람의 비유를 들어 이웃이 누구인가를 가르쳐주었습니다.(눅 10:30-34) 그 이야기는 다음과 같습니다.

어떤 사람이 예루살렘에서 여리고로 내려가다가 강도를 만나 가진 것을 다

빼앗기고 거의 죽게 되었습니다. 그때 한 제사장이 그 길로 가다가 그를 보고 피하여 지나가고 레위인도 그를 보고 피하여 지나가되 사마리아 사람은 그를 보고 불쌍히 여겨 가까이 가서 기름과 포도주를 그 상처에 붓고 싸매고 자기 짐승에 태워 주막으로 데리고 가서 돌보아 주었는데 이 세 사람 중에 누가 강도 만난 자의 이웃이 되겠느냐고 물었습니다. 율법사는 자비를 베푼 자라고 대답하였습니다. 그러자 예수님은 너도 이와 같이 하라 하셨습니다.

성경읽기/ 마태복음 25:39-40을 읽고 누구에게 한 것이 예수님께 한 것인가 말해봅시다.

3. 왜 이웃을 사랑해야 할까요?

우리는 하나님께 속하였기 때문입니다. 하나님은 사랑이십니다. 사랑하는 자는 하나님께로 난자요 사랑하지 아니하는 자는 하나님을 알지 못한 자라고 하였습니다.(요일 4:7-8) 이는 사랑하는 자는 하나님께 속한자요 사랑하지 아니하는 자는 하나님께 속한 자가 아니라는 말입니다.

하나님이 죄인 된 우리를 사랑하셔서 독생자 예수님까지 주셨습니다. 하나님이 우리를 이같이 사랑하였은즉 우리도 서로 사랑하는 것이 마땅하다고 하였습니다.(요일 4:11)

또한 예수님도 우리를 사랑하셔서 하늘의 영광을 버리시고 이 땅에 오셔서 죄인들을 대신하여 자신의 목숨을 주셨습니다.

성경읽기/ 요한복음 13:34에서 예수님이 주신 새 계명은 무엇이며 어떻게 사랑하라고 했는지 말해봅시다.

나가는 말

그리스도가 다스리는 삶의 중심은 사랑입니다. 사랑은 하나님의 속성이며 율법의 완성입니다. 우리는 사랑하라는 계명을 주께 받았습니다. "우리가 이 계명을 주께 받았나니 하나님을 사랑하는 자는 또한 그 형제를 사랑할지니라."(요일 4:20-21) 그리스도를 따르는 사람은 사랑의 삶을 살아야 합니다.

나눔의 시간

1. 오늘 말씀을 통하여 느낀 점을 말해봅시다.
2. 나는 이웃사랑을 어떻게 하고 있는지 나눠봅시다.

적용하기

오늘 말씀을 생활에 어떻게 적용할까 말해봅시다.

결단 및 합심기도

1. 이웃을 사랑하지 못한 것들이 있으면 회개하며 이웃 사랑을 실천할 것을 다짐하며 기도합시다.
2. 우리 구역 부흥과 교회부흥과 전도 대상자를 위하여 기도합시다.

감사 및 알림

헌금 및 기도, 교회소식, 구역소식, 다음 모임, 주기도

제26과 그리스도인의 국가관

- 본문/ 로마서 13:1-3
- 인사/ 반갑습니다. 주님의 이름으로 축복합니다, 사랑합니다.
- 찬송/ 580, 492장
- 신앙고백 (기도)

말씀읽기

1 각 사람은 위에 있는 권세들에게 복종하라 권세는 하나님으로부터 나지 않음이 없나니 모든 권세는 다 하나님께서 정하신 바라 2 그러므로 권세를 거스르는 자는 하나님의 명을 거스름이니 거스르는 자들은 심판을 자취하리라 3 다스리는 자들은 선한 일에 대하여 두려움이 되지 않고 악한 일에 대하여 되나니 네가 권세를 두려워하지 아니하려느냐 선을 행하라 그리하면 그에게 칭찬을 받으리라

생각하기/ 없어진 나라들

세계에는 240여개의 나라가 있습니다. 그중 유엔에 가입된 나라는 196개국(2011년)이라고 합니다. 소수 민족은 수천 민족이 있습니다. 나라들 중에는 있다가 없어진 나라도 있습니다. 월남이 있었으나 전쟁에 패하여 없어졌고 성경에 나오는 바벨론이나 메대 페르시아 앗수르 등도 없어졌습니다. 나라가 없어지면 백성은 삶의 터전을 잃어버리고 유랑하게 됩니다.
1994년 여름 아프리카의 르완다에서 전쟁이 발생하였습니다. 전쟁으로 50만 명이 죽고 200만 명이 이웃 나라로 피난을 갔습니다. 이들을 르완다 난민이라고 합니다. 이들은 나라를 잃고 집도 잃고 세계 여러 나라에서 보내주는 구호품을 받아 하루하루를 살아갑니다. 그러므로 그리스도인들은 철저한 국가관을 가져야 합니다.

말씀 속으로

1. 나라의 주인은 하나님이십니다.

하나님은 나라를 세우기도 하시고 폐하기도 하시고 커지게도 하시고 작아지게도 하십니다.(욥 12:23) 또한 하나님은 그 나라들을 다스리시며 그 나라들을 하나님의 뜻대로 누구에게든지 주시는 분이십니다.(단 4:17) 하나님은 나라에 죄악이 많을 때에는 나라를 심판하시고 재앙을 내리기도 하십니다.

이스라엘 민족이 하나님을 거역하고 우상을 숭배할 때 하나님은 바벨론, 앗수르, 애굽, 블레셋 등 이웃 나라들을 들어 이스라엘을 징계하셨습니다.

우리나라도 과거 일본에게 36년간 식민지 생활을 하였고 1950년에는 6.25의 피비린내 나는 전쟁을 겪었습니다. 이는 우연이 아니며 우리 민족과 한국교회가 우상을 숭배하며 하나님을 거역한 죄가 있기 때문입니다.

우리는 하나님이 나라의 주인이심을 알고 나라가 하나님을 거역하지 않도록 나라를 바르게 세워 나가는데 힘써야 합니다.

성경읽기/ 다음 시 22:28 말씀을 읽고 의미를 말해봅시다.

2. 나라의 지도자들에게 순종해야 합니다.

바울 사도는 그리스도인의 국가관에 대하여 "각 사람은 위에 있는 권세들에게 복종하라 권세는 하나님으로부터 나지 않음이 없나니 모든 권세는 다 하나님께서 정하신 바라 그러므로 권세를 거스르는 자는 하나님의 명을 거스름이니 거스르는 자들은 심판을 자취하리라" 고 하였습니다.

여기 위에 있는 권세란 나라의 대통령과 나라를 다스리는 지도자들을 말할 뿐만 아니라 사회의 지도자, 군대의 지휘관 또는 교회의 지도자 모두를 포함합니다.

하나님께서는 국가의 안녕과 사회의 질서, 교회의 질서를 위하여 왕(대통령)을 세우시고 또한 지도자들을 세우십니다. 그러므로 그리스도인들은 지도자들의 권위에 순복해야 합니다.

성경읽기/ 사도행전 23:3,5 말씀을 읽고 바울이 대제사장을 욕한 것에 대하여 어떻게 했는지 살펴봅시다.

3. 나라를 사랑해야 합니다.

나라는 우리의 삶의 터전입니다. 나라는 백성이 태어나서 자라고 배우며 마음껏 뛰놀며 일하며 살 수 있는 곳입니다. 나라가 망하면 백성은 살 곳도 없어지고 갈 곳도 없어집니다. 우리는 나라를 사랑하며 나라를 지켜야 합니다. 그러기 위해서는 먼저 나라의 죄를 회개하며 나라가 범죄치 않도록 죄의 요소들을 제거해야 합니다. 그리고 항상 나라의 지도자들을 위해 바르게 정치하며 나라를 다스리도록 기도해야 합니다.

또한 나라의 물건들을 아끼고 외제보다 국산품을 애용하며 장려해야 합니다. 그리고 나라의 법과 질서를 지키며 각자가 자신에게 주어진 일에 충실해야 합니다.

성경읽기/ 아모스 9:8 말씀을 읽고 하나님은 범죄한 나라를 어떻게 하신다고 하였는가 말해봅시다.

나가는 말

우리나라는 삼천리 금수강산이 있는 세계에서 아름다운 나라요 살기 좋은 나라입니다. 우리의 선조들은 우리나라를 지키기 위해 목숨 내놓고 피를 흘리며 싸웠습니다. 그러나 아직도 우리나라는 남북이 분단되어 서로 총을 겨누고 있습니다. 전방에서는 군인들이 나라를 지키기 위해 밤낮으로 보초를 서며 경계를 하고 있습니다. 우리 선조들이 지켜온 이 나라를 우리가 지키고 우리 후대에게 더욱 살기 좋은 나라를 물려줘야 합니다. 이를 위하여 나라의 주인 되시는 하나님을 잘 섬기며 나라의 지도자들을 위하여 기도해야 합니다.

나눔의 시간

1. 오늘 말씀을 통하여 느낀 점을 말해봅시다.
2. 나라의 지도자들을 비판하지는 않았는지 했다면 어떤 경우에 했는지 또는 나라를 위해 얼마나 기도하고 있는지 말해봅시다.

적용하기

오늘 말씀을 생활에 어떻게 적용할까 말해봅시다.

결단 및 합심기도

1. 나라의 지도자들을 비판한 것과 나라를 위해 기도하지 못한 것을 회개하며 매일 나라를 위해 기도할 것을 다짐하며 기도합시다.
2. 우리 구역 부흥과 교회부흥과 전도 대상자를 위하여 기도합시다.

감사 및 알림

헌금 및 기도, 교회소식, 구역소식, 다음 모임, 주기도

제27과 그리스도인의 사회생활

- 본문/ 마태복음 5:13-16
- 인사/ 반갑습니다. 주님의 이름으로 축복합니다, 사랑합니다.
- 찬송/ 421, 552장
- 신앙고백 (기도)

말씀읽기

13 너희는 세상의 소금이니 소금이 만일 그 맛을 잃으면 무엇으로 짜게 하리요 후에는 아무 쓸
데 없어 다만 밖에 버려져 사람에게 밟힐 뿐이니라 14 너희는 세상의 빛이라 산 위에 있는 동
네가 숨겨지지 못할 것이요 15 사람이 등불을 켜서 말 아래에 두지 아니하고 등경 위에 두나니
이러므로 집 안 모든 사람에게 비치느니라 16 이같이 너희 빛이 사람 앞에 비치게 하여 그들로
너희 착한 행실을 보고 하늘에 계신 너희 아버지께 영광을 돌리게 하라

생각하기/ 두 나라의 시민권

우리가 사는 세상은 다양한 구성원들이 모여 집합체를 이루어 살고 있습니다. 사회생활이란 다양한 구성원들이 집단적으로 모여 질서를 유지하면서 살아가는 공동생활을 의미합니다.

그리스도인들은 세상에(in the world) 살고 있지만 세상에 속한(of the world) 자들은 결코 아닙니다. 그리스도인들은 두 나라의 시민권을 가지고 살아가는데 본향인 천국에 갈 때까지는 이 세상에서 사회생활을 하며 살아가야 합니다. 그러면 우리는 세상에 사는 동안 어떻게 사회생활을 하며 살아야 할까요.

말씀 속으로

1. 소금의 역할을 하여야 합니다.

예수님은 우리 그리스도인들을 가리켜 너희는 세상의 소금이라고 하였습니다. 그리스도인들이 소금이라고 했는데 이 말의 의미는 무엇일까요? 소금으로서의 사명을 말하는 것입니다. 소금의 사명은 첫째 맛을 내는데 있습니다. 모든 음식에는 소금이 들어가야 제 맛이 납니다. 그리스도인들은 세상에 맛을 내는 자들이 되어야 합니다.

사람들이 종종 못살겠다는 말을 합니다. 우리는 세상을 살맛나는 세상이 되도록 해야 합니다. 일할 맛 나는 직장이 되게 하고 공부할 맛 나는 학교가 되게 해야 합니다.

또한 소금의 사명은 방부제 역할을 하는 것입니다. 이 세상은 죄악으로 썩어가고 있습니다. 그리스도인들은 썩어져 가는 그곳에 들어가 썩지 않도록 해야 합니다. 죄를 막아내고 불의 부정 비리를 막아내야 합니다.

성경읽기/ 마태복음 5:13 말씀을 읽고 소금이 맛을 잃으면 어떻게 된다고 하였는지 살피며 적용해봅시다.

2. 섬기며 살아야 합니다.

소금이 맛을 내려면 소금 덩어리로 남아 있으면 안됩니다. 녹아져야만 맛을 냅니다. 우리 그리스도인들이 소금이 되려면 우리가 있는 곳에서 섬기며 희생해야 합니다. 내 유익을 추구하면 소금이 되지 못합니다. 남의 유익을 위해 내가 희생하고 섬겨야 맛이 납니다.

그리스도인들이 세상으로부터 욕을 먹고 비난을 받는 것은 그리스도인들이 자신의 유익을 추구하고 희생하려 하지 않기 때문입니다. 예수님은 우리에게

낮아져서 섬기라고 하였습니다. 세상에서 낮아져서 섬기면 천국에서 높아지고 큰 자가 됩니다.(마 18:4)

성경읽기/ 마가복음 10:45 말씀을 읽고 예수님의 오신 목적을 말해봅시다.

3. 빛으로 살아야 합니다.

예수님은 그리스도인들을 세상의 빛이라고 하였습니다. 우리는 빛의 사명을 감당해야 합니다. 빛의 사명은 첫째 어두움을 밝히는 것입니다. 이세상은 죄악으로 어두워져 있습니다. 그리스도인들은 그곳에 들어가 어두움을 물리쳐야 합니다. 직장이나 학교나 사람이 모이는 곳에는 어두움이 있을 수 있습니다. 어두움은 죄입니다. 그리스도인들은 죄와 타협하지 않고 죄를 막고 어두움을 밝혀야 합니다. 우리는 착한 행실을 보여야 합니다.

가게에서 물건을 팔 때에도 진실해야 합니다. 속이고 폭리를 남겨서는 안됩니다. 거짓으로 사람을 속이면 하나님의 영광을 가리게 됩니다. 예수님이 욕을 먹습니다.

예수 믿는 사람이 다르다는 말을 들어야 합니다. 예수님을 본받아 살므로 하나님께 영광을 돌려야 합니다.

성경읽기/ 요한복음 15:8 말씀을 읽고 우리가 무엇을 하면 하나님이 영광을 받으신다고 하였는지 말해봅시다.

나가는 말

그리스도인들은 직장이나 학교 가정 사회에서 소금과 빛으로서의 삶을 살므로 사람들이 살맛나게 하고 썩어짐을 막으며 어두움을 밝혀 하나님의 영광을 드러내야 합니다.

그리스도인은 하나님이 허락하신 이상으로 명예나 권세나 돈이나 향락에 도취되어서는 안됩니다. 사도 요한은 그리스도인들을 향하여 세상이나 세상에 있는 것을 사랑하지 말하고 하였습니다.(요일 2:15-16)

나눔의 시간

1. 오늘 말씀을 통하여 느낀 점을 말해봅시다.
2. 나는 소금과 빛으로서의 사명을 어떻게 감당하고 있는가 말해봅시다.

적용하기

오늘 말씀을 생활에 어떻게 적용할까 말해봅시다.

결단 및 합심기도

1. 소금의 역할과 빛의 역할을 다하지 못한 것들의 회개하며 이제부터 소금의 사명과 빛의 사명을 감당할 것을 다짐하며 기도합시다.
2. 우리 구역 부흥과 교회부흥과 전도 대상자를 위하여 기도합시다.

감사 및 알림

헌금 및 기도, 교회소식, 구역소식, 다음 모임, 주기도

제28과 그리스도인의 대인관계

- 본문/ 사무엘상 18:3-4, 잠언 27:9-10
- 인사/ 반갑습니다. 주님의 이름으로 축복합니다, 사랑합니다.
- 찬송/ 433, 286장
- 신앙고백 (기도)

말씀읽기

3 요나단은 다윗을 자기 생명 같이 사랑하여 더불어 언약을 맺었으며 4 요나단이 자기가 입었던 겉옷을 벗어 다윗에게 주었고 자기의 군복과 칼과 활과 띠도 그리하였더라 (삼상18:3-4)

10 네 친구와 네 아비의 친구를 버리지 말며 네 환난 날에 형제의 집에 들어가지 말지어다 가까운 이웃이 먼 형제보다 나으니라 (잠언27:10)

생각하기/ 도마뱀의 우정

일본 도쿄에서 올림픽이 열리게 되어 스타디움 확장을 위해 지은지 3년이 되는 집을 헐게 되었습니다. 인부들이 지붕을 벗기려다가 꼬리 쪽에 못이 박힌 채 벽에서 움직이지 못하고 있는 도마뱀 한 마리를 발견하게 되었습니다. 집주인을 불러 그 못을 언제 박았느냐고 물어보았더니 집을 짓던 3년 전에 박았다고 하였습니다. 도마뱀은 3년 동안이나 꼬리에 못이 박힌 채 죽지 않고 살아 있었습니다. 사람들은 이 신기한 사실의 까닭을 알기 위해서 공사를 잠시 중단하고 도마뱀을 지켜보기로 하였습니다. 그랬더니 다른 도마뱀 한 마리가 먹이를 물어다 주는 것입니다. 그 도마뱀은 하루에도 몇 번 씩이나 못에 박힌 친구를 위해 먹이를 가져다주기를 3년이라는 긴 세월 동안 계속하고 있었던 것입니다. 친구는 신의를 지켜야 하고 변함이 없어야 하며 어려울 땐 서로 도와야 합니다. 우리가 어떻게 인간관계를 맺어야 할까요?

말씀 속으로

1. 주의 종과의 관계를 잘 맺어야 합니다.

다윗은 사무엘에게 기름부음을 받고 어려움 당할 때 사무엘을 찾아가 지도를 받았습니다. 사울이 죽이려고 했을 때 제일 먼저 찾아간 곳이 사무엘이 있는 라마로 갔습니다. 그리고 자기 형편을 사무엘에게 보고했습니다.(삼상 19:18)

다윗이 밧세바와 간음한 후 선지자 나단이 찾아와 책망을 했을 때 다윗은 절대 권력을 가진 왕이였지만 "내가 여호와께 범죄하였노라" 고 나단 앞에 죄를 회개하였습니다.(삼하 12:13)

그리스도인들은 문제가 있으면 먼저 주의 종에게 가서 상담하고 지도를 받아야 하며 주의 종의 책망을 들으면 회개해야 합니다.

성경읽기/ 사도행전 2:37을 읽고 베드로의 설교를 들은 사람들은 어떻게 하였는가 말해봅시다.

* 히 13:17에서 히브리서 기자는 인도자에게 어떻게 하라고 하였나요?

2. 친구관계를 잘 맺어야 합니다.

다윗과 요나단의 우정은 어렸을 때부터 들어서 잘 압니다. 요나단은 다윗이 위기에 처했을 때 다윗 편에 서서 다윗을 사울로부터 구해주고 변호하였으며 다윗은 요나단을 친형처럼 여기고 사랑하고 우정을 나누었습니다. 후에 요나단이 블레셋과의 전쟁에서 죽자 요나단의 절뚝발이 아들 므비보셋을 왕자처럼 상에서 먹게 하고 보호해 주었습니다.(삼하 9:13)

성경읽기/ 잠언17:17에서는 친구관계가 어떠해야 하는가를 말해봅시다.

3. 이웃과의 관계를 잘 맺어야 합니다.

이웃 중에는 나에게 호감을 가진 사람도 있고 비호감을 가진 사람도 있으며 무관심한 사람도 있고 적대시한 사람도 있습니다. 우리는 호감을 가진 사람은 물론이지만 비호감을 가진자 무관심한 사람 적대시한 사람까지도 다 포용하며 우호적인 관계를 맺어야 합니다.

다윗은 자신을 대적한 사람들까지도 포용하였습니다. 사울의 군대장군이었던 아브넬도 포용하였고 다윗을 저주했던 시므이도 죽이지 말라고 하였습니다.(삼하 16:7,9-10)

우리는 교회 생활할 때 성도와의 관계에서 나를 싫어하는 사람 또는 비 호감을 가진 사람들을 사랑하며 섬김으로 관계를 회복해야 합니다.

성경읽기/ 잠언 27:10에서 누구를 버리지 말라고 했는지 말해봅시다.

나가는 말

사람은 관계 속에서 태어나서 관계 속에서 살다가 관계 속에서 생을 마치게 됩니다. 부부와의 관계에서 아기가 태어나고 아기는 태어나자마자 엄마와의 관계에서 자라가며 성장하는 과정에서 형제관계 친구관계 이웃관계 하나님과의 관계 등을 맺게 됩니다. 사회는 모두 관계로 이어집니다. 교회생활을 기쁘게 하고 바르게 하고 잘하려면 관계가 잘 이루어져야 합니다. 우리는 먼저 대신관계를 잘 맺고 목회자와의 관계를 잘 맺고 이웃과의 관계를 잘 맺음으로 신앙생활을 기쁘게 하고 하나님을 기쁘시게 해야 합니다.

나눔의 시간

1. 오늘 말씀을 통하여 느낀 점을 말해봅시다.

2. 나는 목회자와 관계, 성도와 관계, 이웃과 관계, 가족과의 관계에서 관계가 잘 안된 부분이 있으면 어느 부분인가 말해봅시다.

적용하기

오늘 말씀을 생활에 어떻게 적용할까 말해봅시다.

결단 및 합심기도

1. 대인 관계가 잘 안된 부분들이 있으면 회개하며 관계를 잘 회복할 것을 다짐하며 기도합시다.
2. 우리 구역 부흥과 교회부흥과 전도 대상자를 위하여 기도합시다.

감사 및 알림

헌금 및 기도, 교회소식, 구역소식, 다음 모임, 주기도

제29과 말의 능력과 역할

- 본문/ 잠언 18:20-21
- 인사/ 반갑습니다. 주님의 이름으로 축복합니다, 사랑합니다.
- 찬송/ 212, 220장
- 신앙고백 (기도)

말씀읽기

20 사람은 입에서 나오는 열매로 말미암아 배부르게 되나니 곧 그의 입술에서 나는 것으로 말미암아 만족하게 되느니라 21 죽고 사는 것이 혀의 힘에 달렸나니 혀를 쓰기 좋아하는 자는 혀의 열매를 먹으리라

생각하기/ 물은 답을 알고 있다

에모토 마사루의 "물은 답을 알고 있다"라는 책이 있습니다. 일본에서 말의 영향력에 대한 실험결과를 책으로 소개한 것입니다. 물에다가 사랑해요 감사해요 라는 말을 계속 했을 때 물은 아름다운 육각형 결정을 이룬다고 합니다. 반대로 물을 보고 '바보, 망할 놈'이라고 했을 때는 결정체가 파괴되었다고 합니다.
물에다가 음악을 들려주었습니다. 한쪽 물에는 클래식 음악을 들려주니 물이 아름다운 육각수로 결정을 이루었고, 한쪽 물에는 락 음악을 틀어주니 물이 파괴되어 나쁜 물로 바뀌었다는 것입니다. 말이 어떤 영향력이 있는가를 보여주는 것입니다.

말씀 속으로

1. 말은 영향력이 있습니다.

말은 인간의 의식을 나타내는 수단입니다. 어떤 사람의 의식정도를 알아보

는 길은 그가 어떤 언어를 사용하여 어떻게 말을 하는가를 살펴보면 알 수 있습니다. 말 속에는 그 사람이 지닌 생각과 인격과 믿음이 포함되어 있습니다. 성도들이 하는 말은 그의 인격과 신앙의 깊이를 나타내 줍니다. 인격이 성숙한 사람은 성숙한 말을 하게 되고 말에 실수가 적습니다.

말은 힘이 있습니다. 한번 나온 말은 어떤 경우든 영향을 미칩니다. 좋은 말은 좋은 영향을 미치고 나쁜 말은 나쁜 영향을 미칩니다. 그러므로 우리는 좋은 말 유익을 주는 말을 해야 합니다.

성경읽기/ 야고보서 3:2을 읽고 야고보 말에 대하여 어떻게 말하고 있으며 어떤 자가 온전한 자라고 하였는지 말해봅시다.

2. 죽고 사는 것이 말에 있습니다.

오랫동안 교도소 생활한 청년이 예수님을 믿게 되어 믿음이 좋은 아가씨와 결혼하게 되었습니다. 전과자라는 것 때문에 사회생활에 지장이 많았습니다. 어느 날 부부가 대화를 하다가 언성이 높아지면서 부인이 남편에게 "당신은 전과자라서 그래!"라는 한마디를 했습니다. 전과자라는 이 말 한마디에 이성을 잃은 남편은 자기 아내를 찔러 죽였습니다.

말은 살리기도 하고 죽이기도 합니다. 행복하게도 하고 불행하게도 합니다. 혀는 죽이고 살리는 권세가 있습니다.(21절) 이 혀를 통해서 선한 말도 할 수 있고, 악한 말도 할 수 있습니다. 위로의 말도 할 수 있고 고통을 주는 말도 할 수 있습니다. 축복의 말도 할 수 있고, 저주의 말도 할 수가 있습니다. 말 한마디가 마음에 깊은 상처를 주기도 하고 상처를 풀기도 합니다. 한마디 말하는데 10초도 안되지만 일평생 가슴에 못을 박고 고통을 주기도 하는 것입니다. 우리는 살리는 말을 해야 합니다.

성경읽기/ 잠언 6:2을 읽고 말의 영향력에 대하여 말해봅시다.

3. 사람은 입에서 나오는 열매를 먹게 됩니다.

본문 20절 "사람은 입에서 나온 열매로 하여 배가 부르게 되나니 곧 그 입술에서 나는 것으로 만족케 되느니라."

입으로 나온 열매로 배부르게 된다는 말은 입으로 했던 말이 씨가 되어서 싹이 트고 열매가 맺게 되어 결국 그 열매를 먹게 된다는 말입니다. 즉, 선한 말을 많이 하면 선한 열매를 많이 맺고, 악한 말을 많이 하면 악한 열매가 많이 맺혀서 그 열매로 배를 채우게 된다는 말입니다.

예) 어떤 시어머니가 볼일이 있어서 외출했다가 집에 두고 온 것이 있어서 되돌아 왔습니다. 그때 며느리가 방안에서 전화하는 소리가 들리는데 내용이 "아직 새파란데 언제 받아" 이 말은 시어머니가 아직 젊은데 언제 죽어 재산을 상속받느냐는 말이었습니다. 이 말을 들은 시어머니는 가슴이 철렁했습니다. 시어머니는 본래 집이라도 사서 내보내려고 했는데 그 말을 듣고 조그마한 월세 방 얻어서 내보냈습니다. 말 한마디 잘못한 것 때문에 집 한 채를 날려 버린 것입니다.

우리 속담에 낮 말은 새가 듣고 밤 말은 쥐가 듣는다고 했습니다. 그러므로 우리는 누가 듣든지 아니 듣든지 항상 말을 조심을 해야 하고 선한 말을 해야 합니다.

성경읽기/ 에베소서 4:29을 읽고 어떻게 말을 해야 할지 말해봅시다.

나가는 말

성도들은 해야 할 말과 하지 말아야 할 말을 구분할 줄 알아야 합니다. 예수님을 찬송하고 전도하는 말은 부지런히 해야 합니다. 그리고 이웃을 위로하고 격려하고 덮어주는 말과 칭찬하는 말도 부지런히 해야 합니다. 그러나 이웃을 헐뜯고 저주하는 말은 하지 말아야 합니다. 사실이라도 유익된 말은 하고 유익되지 않는 말은 금해야 합니다.

나눔의 시간

1. 오늘 말씀을 통하여 느낀 점을 말해봅시다.
2. 나는 말로서 남에게 상처를 준 적은 없는가 살펴보고 그때 왜 그렇게 했는가 말해봅시다.

적용하기

오늘 말씀을 생활에 어떻게 적용할까 말해봅시다.

결단 및 합심기도

1. 말로 상처준 것이나 말로 실수한 것들이 있으면 회개하며 항상 유익한말을 할 것을 다짐하며 기도합시다.
2. 우리 구역 부흥과 교회부흥과 전도 대상자를 위하여 기도합시다.

감사 및 알림

헌금 및 기도, 교회소식, 구역소식, 다음 모임, 주기도

제30과 긍정의 말을 하라

- 본문/ 민수기 13:30-33
- 인사/ 반갑습니다. 주님의 이름으로 축복합니다, 사랑합니다.
- 찬송/ 95, 19장
- 신앙고백 (기도)

말씀읽기

30 갈렙이 모세 앞에서 백성을 조용하게 하고 이르되 우리가 곧 올라가서 그 땅을 취하자 능히
이기리라 하나 31 그와 함께 올라갔던 사람들은 이르되 우리는 능히 올라가서 그 백성을 치지
못하리라 그들은 우리보다 강하니라 하고 32 이스라엘 자손 앞에서 그 정탐한 땅을 악평하여
이르되 우리가 두루 다니며 정탐한 땅은 그 거주민을 삼키는 땅이요 거기서 본 모든 백성은 신
장이 장대한 자들이며 33 거기서 네피림 후손인 아낙 자손의 거인들을 보았나니 우리는 스스
로 보기에도 메뚜기 같으니 그들이 보기에도 그와 같았을 것이니라

생각하기/ 나는 죽지않고 살거야!

미국에서 가장 빠르게 성장하는 교회 레이크우드 교회의 조엘 오스틴 목사는 "긍정의 힘" 이라는 책에서 자기 집에서 일어난 간증을 소개하고 있습니다.

그의 어머니가 간암에 걸려 몇 주 밖에 살지 못한다는 진단이 내려졌습니다. 병원에서 포기하고 퇴원권고를 하여 집으로 왔습니다. 그런데 어머니는 "나는 죽지 않고 살거야. 나는 하나님의 역사하심을 선포할거야" 합니다 아들이 물었습니다. "어머니, 어떻게 죽지 않으시겠다는 거예요?" "얘야, 나는 주님과 그분의 권능을 믿는다." 그렇게 대답하고는 성경의 치유의 말씀들 "저가 채찍에 맞음으로 우리가 나음을 입었도다. 등을 30-40개 찾아서 종이에 적어 매일 큰 소리로 선포하였답니다. 그러자 점

차 식욕이 돌아오고 몸무게가 불어나기 시작하고 병이 낫기 시작했습니다. 사형선고를 받은지 20년이 지났지만 그 어머니는 아직도 건강하게 살아있다는 것입니다.

말씀 속으로

1. 인생은 자신의 말대로 되어집니다.

이스라엘 백성이 애굽에서 나와 광야생활 하는 중에 가데스바네아에 이르렀습니다. 하나님께서는 가데스바네아에서 12명을 뽑아 가나안 땅을 정탐하고 오도록 했습니다. 그들이 40일 만에 돌아왔습니다. 12명 중 10명은 부정적인 보고를 했습니다. "그 땅은 젖과 꿀이 흐르는 땅이지만 우리는 들어갈 수 없다. 들어가면 다 죽는다. 그들은 장대하고 거인들이다 우리는 메뚜기와 같다"(민 13:32-33) 이 말을 들은 이스라엘 백성들은 하나님을 원망하였습니다.

그러나 똑같은 땅을 정탐하고 온 여호수아와 갈렙 두 사람은 "그들은 우리의 밥입니다. 하나님이 우리와 함께 하시니 어서 들어갑시다." 하고 긍정적인 보고를 했습니다. 들어갈 수 없다고 보고한 사람들은 가나안 땅에 들어가지 못하고 광야에서 죽었습니다. 들어갈 수 있다고 보고한 두 사람만 살아서 가나안 땅에 들어갔습니다. 말대로 되었습니다.

성경읽기/ 잠언 15:1을 읽고 말의 영향력에 대해 말해봅시다

2. 긍정의 말을 해야 합니다.

발명왕 에디슨은 놀랍게도 초등학교 시절 학교에서 퇴학을 당했습니다. 학교에서 하도 엉뚱한 짓을 많이 해서 골머리를 앓던 담임선생님이 엄마에게 이렇게 말했습니다. "저 아이는 저능아라서 학교에서는 도저히 못 가르치겠어요. 엄마가 집에서 가르치는 것이 좋겠어요." 그 말을 들은 엄마는 하늘이 무너지

는 것 같은 충격을 받았습니다. 그러나 엄마는 에디슨에게 한 번도 부정적인 말을 하지 않았습니다. 늘 긍정적인 말을 하고 격려했습니다. "너는 호기심이 아주 많은 아이란다. 너는 그 호기심 때문에 훌륭한 발명가가 될 수 있을 거야." 그러면서 항상 꼭 껴안아 주었습니다. 엄마의 이 긍정적인 말이 에디슨을 위대한 발명왕이 되게 한 것입니다.

성경읽기/ 잠언 12:25 말씀을 읽고 무엇이 마음을 즐겁게 하는지 말해봅시다.

3. 하나님은 우리 말을 듣고 들린 대로 행하십니다.

정탐꾼들의 부정적인 말을 들은 이스라엘 백성들은 절망에 빠졌습니다. 그리고 모세와 하나님을 원망하며 차라리 애굽에서 죽었더라면 더 좋았을 걸 이제라도 지휘관을 따로 세워 애굽으로 돌아가자고 했습니다. 저들은 여호수아와 갈렙이 그 땅에 들어갈 수 있다고 하자 그들을 돌로 치려고 했습니다.(민 14:9-10) 하나님께서는 이 모든 말을 듣고 보았습니다. 그리고 너희 말이 내 귀에 들린 대로 내가 너희에게 행하리라고 하셨습니다.(민 14:28) 부정적인 말을 하면 부정적인 열매를 거둡니다. 긍정의 말을 하면 긍정의 열매를 거둡니다. 우리는 힘들고 어려움이 닥칠지라도 항상 좋은 쪽으로 생각하며 긍정의 말을 하여야 합니다. "못살겠다. 죽겠다" 하면 죽을 일만 생깁니다. 믿음의 말, 긍정의 말을 하시기 바랍니다.

성경읽기/ 마태복음 12:36-37 말씀을 읽고 하나님은 어떻게 심판하시는지 말해봅시다.

나가는 말

말은 힘이 있습니다. 한번 나온 말은 어떤 경우든 영향을 미칩니다. 좋은 말은 좋은 영향을 미치고 나쁜 말은 나쁜 영향을 미칩니다. 말은 살리기도 하고 죽이기도 합니다. 그러므로 우리는 살리는 말을 해야 합니다. 긍정의 말은 살리는 말이요 부정의 말은 죽이는 말입니다. 우리는 말로서 상한 심령을 싸매어 치료해줄 수도 있고 절망과 좌절 속에 있는 자에게 소망을 줄 수도 있습니다.

나눔의 시간

1. 오늘 말씀을 통하여 느낀 점을 말해봅시다.
2. 나는 긍정의 말과 부정적인 말 중 어떤 말을 더 자주하고 있는가 말해봅시다.

적용하기

오늘 말씀을 생활에 어떻게 적용할까 말해봅시다.

결단 및 합심기도

1. 부정적인 말로 사람을 실망시켰거나 관계를 악화시킨 것이 있으면 회개하며 긍정적인 말을 할 것을 다짐하며 기도합시다.
2. 우리 구역 부흥과 교회부흥과 전도 대상자를 위하여 기도합시다.

감사 및 알림

헌금 및 기도, 교회소식, 구역소식, 다음 모임, 주기도

제31과 축복의 말을 하라

- 본문/ 창세기 27:28-30, 33
- 인사/ 반갑습니다. 주님의 이름으로 축복합니다, 사랑합니다.
- 찬송/ 288, 446장
- 신앙고백 (기도)

말씀읽기

28 하나님은 하늘의 이슬과 땅의 기름짐이며 풍성한 곡식과 포도주를 네게 주시기를 원하노라
29 만민이 너를 섬기고 열국이 네게 굴복하리니 네가 형제들의 주가 되고 네 어머니의 아들들
이 네게 굴복하며 너를 저주하는 자는 저주를 받고 너를 축복하는 자는 복을 받기를 원하노라
30 이삭이 야곱에게 축복하기를 마치매 야곱이 그의 아버지 이삭 앞에서 나가자 곧 그의 형 에
서가 사냥하여 돌아온지라 33 이삭이 심히 크게 떨며 이르되 그러면 사냥한 고기를 내게 가져
온 자가 누구냐 네가 오기 전에 내가 다 먹고 그를 위하여 축복하였은즉 그가 반드시 복을 받을
것이니라

마음열기/ 칭찬은 고래도 춤춘다

"칭찬은 고래도 춤추게 한다."는 말이 있습니다. 돌고래 쇼를 보면 조련사가 돌고래를 어떻게 훈련시켰는지 조련사의 몸짓에 물 위로 솟구치기도 하고, 공중 돌기도 하고, 장애물 통과도 멋지게 합니다. 처음부터 돌고래가 묘기를 부리지는 못합니다. 고기를 주며 칭찬하고 격려한 결과 진행자의 지시에 따라 묘기를 부리는 돌고래가 된 것입니다. 사람도 처음부터 잘하는 사람은 없습니다. 부족하고 모자라도 칭찬하고 격려해 줄때 점점 나아집니다. 우리가 세상을 살아가노라면 뜻대로 되지 않아 낙심하고 좌절할 때가 있습니다. 그럴 때 가장 소중한 도움은 사랑에서 우러나오는 칭찬과 격려입니다.

말씀 속으로

1. 축복의 말을 하라

이삭은 자신의 축복의 말이 그대로 이루어진다는 것을 믿고 죽기 전에 자녀들에게 축복기도를 해주고 싶었습니다. 그래서 큰아들 에서에게 사냥해서 요리해 오라고 하였습니다. 이를 미리 알아챈 리브가가 야곱에게 요리를 해주면서 아버지에게 들어가 축복을 받으라고 했습니다. 야곱은 형으로 변장하고 들어가서 아버지의 축복기도를 받았습니다. 야곱은 그대로 축복을 받았습니다.

예수님은 제자들을 전도 보낼 때 어느 마을에 가든지 먼저 평안을 빌라고 하였습니다. 그 평안이 그들에게 합당하면 그대로 임하고 합당치 않으면 돌아오게 된다고 하였습니다.(마 10:12-13) 우리가 축복의 말을 하고 축복을 빌어주면 그 복이 그에게 임하든지 아니면 내게로 돌아온다는 사실입니다.

성경읽기/ 로마서 12:14에서 누구를 축복하라고 하였나요?

2. 칭찬과 용기를 주는 말을 하라

가정에서는 자녀들에게 그들의 장점을 말해주고 칭찬해 주어야 용기와 힘을 얻게 됩니다. "너는 훌륭한 사람이 될 거야 너는 잘 할 수 있어, 야 정말 잘했구나." 칭찬거리를 찾아 칭찬하고 용기의 말을 해야 합니다. 그런데 부모들이 "그것도 몰라 너는 누구를 닮아 그렇게 멍청하니, 지 애비 닮아 고집은 세 가지고, 그렇게 공부해서 대학에 가겠어?" 하며 자녀의 기를 죽입니다.

몇년 전 고3 여학생이 모의고사를 못 봐서 죽고 싶었습니다. 공부가 안 돼서 TV를 보고 있었습니다. 그 때 엄마가 들어오더니 소리를 지르며 "네가 정신이 있는 년이냐 시험을 그 따위로 보고도 TV 볼 생각이 나, 아이고 너 때문에 내가 속이 터져 죽겠다. 차라리 너하고 나하고 죽자" 이 말을 들은 여학생이 소리를 질렀습니다. "그래 죽으면 될 것 아니야 나도 살고 싶지 않다고!" 하고 자기 방으로 뛰어 들어가 문을 닫고 창문을 열고 뛰어내렸습니다. 엄마의 말 한 마디가 딸을 죽인 것입니다.

시험을 잘못 보았어도 '괜찮다 공부가 인생의 전부는 아니란다. 다음에 잘 보면 되지 넌 잘 할 수 있어, 힘내라' 격려해 주고 용기를 주어야 합니다.

성경읽기/ 잠언 16:24을 읽고 말의 중요성을 말해봅시다.

3. 사랑의 말을 하라

사람은 모두 장점도 있고 단점도 있습니다. 사람을 사랑할 땐 장점이 보이고 미워할 땐 단점이 보입니다. 가정에서 상대방의 단점을 들추어내면 그 가정은 불행합니다. 단점은 덮어주고 장점을 찾아 서로 칭찬해 줄 때 가정은 천국이 됩니다.

식탁에서 정성스레 준비해 놓은 음식을 맛있게 먹고 맛있다고 하며 당신 솜씨가 좋다고 칭찬해 주면 아내의 피곤이 다 풀립니다.

아내도 남편에게 용기를 주고 세워 줘야 합니다. 집에서 인정받지 못하는 남편은 밖에 나가서 기가 죽고 퇴근 후 집으로 가지 않고 술집으로 가고 외도하고 바람 피우게 됩니다. 남편들의 기를 살려 주어야 합니다 그것이 가정이 행복해 지는 길입니다.

성경읽기/ 에베소서 5:4을 읽고 어떤 말이 합당치 않고 어떤 말을 하라고 하였는지 말해봅시다.

나가는 말

베드로 사도는 "악을 악으로, 욕을 욕으로 갚지 말고 도리어 복을 빌라 ..이는 복을 유업으로 받게 하려 하심이라 그러므로 생명을 사랑하고 좋은 날 보기를 원하는 자는 혀를 금하여 악한 말을 그치며 그 입술로 궤휼을 말하지 말라"고 하였습니다.(벧전 3:9-11)

행복하기를 원한다면 가족과 교인들과 이웃에게 항상 축복의 말을 많이 하시기 바랍니다. 이것이 내가 잘되고 복을 받는 길입니다.

나눔의 시간

1. 오늘 말씀을 통하여 느낀 점을 말해봅시다.
2. 나는 얼마나 축복의 말을 하고 있는지 말해봅시다.

적용하기

오늘 말씀을 생활에 어떻게 적용할까 말해봅시다.

결단 및 합심기도

1. 축복과 감사의 말을 하지 않고 원망 불평 비판의 말을 한 것이 있으면 회개하며 축복의 말을 할 것을 다짐하며 기도합시다.
2. 우리 구역 부흥과 교회부흥과 전도 대상자를 위하여 기도합시다.

감사 및 알림

헌금 및 기도, 교회소식, 구역소식, 다음 모임, 주기도

제32과 믿음의 말을 하라

- 본문/ 마태복음 8:10-13
- 인사/ 반갑습니다. 주님의 이름으로 축복합니다, 사랑합니다.
- 찬송/ 545, 585장
- 신앙고백 (기도)

말씀읽기

10 예수께서 들으시고 놀랍게 여겨 따르는 자들에게 이르시되 내가 진실로 너희에게 이르노니
이스라엘 중 아무에게서도 이만한 믿음을 보지 못하였노라 11 또 너희에게 이르노니 동 서로
부터 많은 사람이 이르러 아브라함과 이삭과 야곱과 함께 천국에 앉으려니와 12 그 나라의 본
자손들은 바깥 어두운 데 쫓겨나 거기서 울며 이를 갈게 되리라 13 예수께서 백부장에게 이르
시되 가라 네 믿은 대로 될지어다 하시니 그 즉시 하인이 나으니라

생각하기/ 예수 이름으로 명하노니

인도 선교사 스텐리 존스 목사는 89세에 중풍으로 쓰러져 온몸이 마비가 되었습니다. 병원으로 옮겨져 치료를 받는데 간호사들에게 부탁을 하였습니다. 나를 볼 때마다 예수 이름으로 명하노니 일어나 걸으라고 명령을 하라는 것입니다. 간호사들은 부탁을 들어주었습니다. 그러나 사람들은 비웃었습니다. 간호사들은 선교사님을 볼 때마다 예수 이름으로 명하노니 일어나 걸으라. 명령을 하였는데 기적이 일어났습니다. 얼마 후 완전히 나아서 걷게 되었습니다. 선교사님의 믿음대로 된 것입니다.

말씀 속으로

1. 사람은 믿음대로 됩니다.

백부장이 예수님께 나아와 하인을 병을 고쳐 달라고 간구했습니다. 예수님은 내가 가서 고쳐 주겠다고 하였습니다. 그때 백부장은 여기서 말씀만 하여도 하인이 나을 테니 집에까지 수고롭게 오시지 말고 말씀만 해달라고 하였습니다. 예수님은 그의 믿음을 보시고 칭찬하시며 그 하인을 고쳐주셨습니다. 예수님은 병자를 고쳐 주실 때 믿음을 보시고 고쳐 주셨습니다.

믿음은 기독교 신앙의 출발점이요 뿌리입니다. 믿음의 크기는 그 인생의 크기와 비례합니다. 우리 인생은 그 사람의 믿음 만큼 되어집니다. 성경의 위인들은 모두 믿음의 사람들 입니다.

예수님은 "할 수 있거든이 무슨 말이냐 믿는 자에게는 능치 못할 일이 없느니라."고 하셨습니다.(막 9:23) 믿음은 마귀를 이기고 세상을 이기는 무기입니다.(요일 5:4)

성경읽기/ 마태복음 9:28-29을 읽고 예수님은 맹인들에게 무엇을 물었는지 말해봅시다.

2. 믿음의 말을 해야 합니다.

그 사람의 입에서 나오는 말을 보면 그 사람이 믿음의 사람인가 아닌가 알 수 있습니다. 그리스도인들은 믿음의 말을 해야 합니다. "믿습니다. 됩니다. 할 수 있습니다." 이런 말을 해야 합니다. 그런데 교회를 오래 다닌 사람들 중에서도 부정적이고 믿음 없는 말을 하는 사람들이 많이 있습니다. 무슨 일이든 안 된다는 생각부터 합니다. 환경이 안 맞고 형편이 어렵고 그래서 할 수 없다고 합니다.

예수님은 "누구든지 이 산더러 들리어 바다에 던지우라 하며 그 말하는 것이 이룰 줄 믿고 마음에 의심치 아니하면 그대로 되리라"(마 11:22-23)고 하셨습니다. 믿음의 말을 할 때 태산도 옮길 수 있다는 말씀입니다.

성령의 지배를 받는 사람은 믿음의 말, 긍정적인 말을 하고 육신에 속한 사람은 부정적인 말을 하는 것을 볼 수 있습니다.

성경읽기/ 욥기 1:21-22 말씀을 읽고 욥의 믿음에 대하여 말해봅시다.

3. 믿음은 믿는 것을 확신하며 행동하는 것입니다.

이스라엘 백성들이 요단 강에 도착했을 때는 물이 넘칠 때였습니다. 여호수아는 법궤 멘 제사장들에게 강 속으로 들어가라고 명을 내렸습니다. 물이 넘치는 강 속으로 법궤를 메고 들어갈 때 강물이 갈라졌습니다. 12년 동안 혈루병으로 고통 당하던 여인이 예수님의 옷만 만지면 나으리라는 믿음을 가지고 다가가서 몰래 옷을 만졌을 때 병이 나았습니다.(막 9:21-22) 믿음은 바라는 것이 이루어질 줄 확신하며 행동으로 옮기는 것입니다.

예수님은 38년 된 병자에게 네 자리를 들고 걸어가라고 하였을 때 병자는 순종하여 일어나서 걸어갔습니다.(요 5:8-9) 순종하지 않고 누워 있었으면 그는 평생 일어날 수 없을 것입니다.

우리는 나도 전도 할 수 있다. 나도 전도왕이 될 수 있다는 믿음을 가지고 전도를 하시기 바랍니다. 믿음을 행동으로 옮길 때 역사가 일어납니다.

성경읽기/ 히브리서 11:1은 믿음에 대하여 무엇이라고 했는지 말해봅시다

나가는 말

믿음은 지금 상황이 어려워도 곧 풀린다. 지금 아파도 나는 건강해진다고 미리 바라보고 선포하는 것입니다. 그리고 예수이름으로 부정적인 것을 물리쳐야 합니다. '병마는 예수이름으로 명하노니 내게서 떠나라! 주안에서 사업은 번성하라! 등

믿음은 하나님을 기쁘시게 하는 것입니다. 믿음은 불가능을 가능케 하는 능력입니다. 병든 자는 건강을 꿈꾸고 건강을 선포해야 합니다. 저가 채찍에 맞음으로 내가 나음을 입었다. 예수 이름으로 건강할찌라고 선포하면 그 믿음대로 됩니다.

나눔의 시간

1. 오늘 말씀을 통하여 느낀 점을 말해봅시다.
2. 나는 하나님말씀과 의사 말 중 어느 말을 더 믿고 따르는가 말해봅시다.

적용하기

오늘 말씀을 생활에 어떻게 적용할까 말해봅시다.

결단 및 합심기도

1. 믿음의 말보다 불신 회의 의심의 말을 한 것이 있으면 회개하며 믿음의 말을 하고 선포하고 행동할 것을 다짐하며 기도합시다.
2. 구역 부흥과 전도 대상자를 위해 기도합시다.

감사 및 알림

헌금 및 기도, 교회소식, 구역소식, 다음 모임, 주기도

제33과 섬기러 오신 예수님

- 본문/ 마가복음 10:43-45
- 인사/ 반갑습니다. 주님의 이름으로 축복합니다, 사랑합니다.
- 찬송/ 216, 218장
- 신앙고백 (기도)

말씀읽기

43 너희 중에는 그렇지 않을지니 너희 중에 누구든지 크고자 하는 자는 너희를 섬기는 자가 되
고 44 너희 중에 누구든지 으뜸이 되고자 하는 자는 모든 사람의 종이 되어야 하리라 45 인자
가 온 것은 섬김을 받으려 함이 아니라 도리어 섬기려 하고 자기 목숨을 많은 사람의 대속물로
주려 함이니라

생각하기/ 테레사

테레사 수녀는 인종과 종교를 뛰어 넘어서 사랑과 존경을 받은 여인입니다. 그녀는 1997.9.6일에 87세를 일기로 세상을 떠났습니다. 그녀는 150cm의 짧은 체구의 마게도냐 출신으로서 18세 때에 예수의 길을 따라 나서 수녀가 되었습니다. 그는 1948년 인도 캘커타의 빈민굴에 뛰어들어서 병들고 죽어가는 가난한 빈민들을 위해 평생을 헌신한 공로가 인정되어서 1979년 노벨 평화상을 수상하여 전 세계의 사람들에게 이름이 알려진 여인입니다. 그녀는 사랑의 선교회를 조직하고 "사랑은 나를 버리는 아픔 속에서만 가능하다."는 명언을 남기기도 했습니다. 그녀는 부귀 영화와는 비교할 수 없는 가장 보람된 삶을 살았습니다.

말씀 속으로

1. 예수님은 섬기러 오셨습니다.

예수님은 하나님이시며 만물의 주인이십니다. 예수님은 이 땅에 오시기전에 하나님과 함께 계셨으며 천지만물을 창조하실 때 하나님과 함께 창조하셨습니다. 하나님은 만물을 예수님을 위하여 창조하셨습니다.

바울은 "만물이 그에게서 창조되되 하늘과 땅에서 보이는 것들과 보이지 않는 것들과… 만물이 다 그로 말미암고 그를 위하여 창조되었고" …라고 하였습니다.(골 1:16) 예수님은 만물의 창조자요 주인으로 모든 인류에게 섬김을 받으셔야 할 분이십니다. 그런데도 예수님은 섬김을 받으러 오신 것이 아니고 섬기러 왔다고 하셨습니다. 예수님이 섬기러 오셨다면 예수님을 믿고 따르는 그리스도인들도 마땅히 섬기는 자가 되어야 합니다.

성경읽기/ 빌립보서 2:6-7을 읽고 예수님이 낮아지심에 대하여 말해봅시다

2. 예수님은 섬김의 본을 보이셨습니다.

예수님은 병자들의 몸을 어루만지며 치료하시는 섬김의 사역을 하셨습니다. 섬기려고 오신 주님께서는 가까이 가기도 싫어하는 문둥병자들의 몸을 만지시며 그들의 병을 고쳐주셨습니다.(마 8:2,3)

예수님은 열병으로 앓아누운 베드로의 장모의 손은 만지시며 그의 병을 고쳐주셨습니다.(마 8:14,15) 두 소경의 눈을 만지시며 눈을 뜨게 해주셨습니다.(마 9:29)

예수님은 먹을 것이 없어서 기진하여 쓰러질 광야에 모인 사람들을 불쌍히 여기시며 음식을 먹이시는 사역을 하셨습니다.(막 8:2,3)

예수님은 대야에 물을 떠다가 제자들의 발을 씻기시므로 섬김의 본을 보여

주셨습니다. 발을 씻기는 일은 주인이 밖에서 돌아오면 하인들이 물을 떠다가 주인의 발을 씻기는 것입니다.(요 13:15)

성경읽기/ 요한복음 13:14-15을 읽고 예수님의 섬김에 대하여 말해봅시다.

3. 천국에서는 섬기는 자가 큰 자입니다.

세상 사람들은 서로 높아지려고 싸우며 경쟁을 합니다. 서로 큰 자가 되려고 합니다. 학교에서는 누가 일등이냐, 직장에서는 누가 먼저 승진하느냐, 교회에서는 누가 더 복 받느냐, 스포츠에서는 누가 승리하느냐에 관심이 있습니다. 세상 나라는 섬김을 받는 자가 높은 자요 큰 자입니다.

그런데 천국에서는 섬긴 만큼 높아지고 큰 자가 됩니다. 주님은 높은 곳에서 낮은 곳으로 내려오시고 남을 위하여 섬김으로 다시 높아지셨습니다.

세상의 높음은 잠깐이지만 천국의 높음은 영원합니다. 잠깐 동안 섬김을 받기 위하여 세상에서 크고자 하는 자는 어리석은 자입니다. 잠깐 동안 낮아져서 섬기다가 영원히 높아져서 섬김을 받는 자가 지혜로운 사람입니다. 영원히 큰 자가 되려면 지금 낮아져서 섬기는 자가 되어야 합니다.

성경읽기/ 마가복음 10:43을 읽고 세상 법칙과 천국 법칙의 차이점을 말해봅시다.

나가는 말

장미는 장미의 향기를 가지고 있습니다. 국화는 국화의 향기를 가지고 있습니다. 생화는 향기가 있지만 조화는 모양은 똑같아도 향기가 없습니다. 진짜 꽃과 가짜 꽃의 차이는 향기에 있습니다.

예수님을 믿는 사람에게는 예수님의 섬김의 향기가 나야 합니다. 그래야 예수님께 속한 사람입니다. 예수님께 속한 사람이라고 말하면서 예수님의 섬김의 모습이 전혀 없다면 예수님의 사람이 될 수 없습니다. 예수님의 사람이 된다는 것은 말에 있는 것이 아니고 섬김에 있습니다.

나눔의 시간

1. 오늘 말씀을 통하여 느낀 점을 말해봅시다.
2. 나는 어떻게 섬김의 삶을 살고 있는가 말해봅시다.

적용하기

오늘 말씀을 생활에 어떻게 적용할까 말해봅시다

결단 및 합심기도

1. 나는 섬기기 보다 섬김을 받으려는 일들이 있었으면 회개하며 이제부터 섬기며 살 것을 다짐하며 기도합시다.
2. 우리 구역 부흥과 교회부흥과 전도 대상자를 위하여 기도합시다.

감사 및 알림

헌금 및 기도, 교회소식, 구역소식, 다음 모임, 주기도

제34과 섬김과 은사

- 본문/ 베드로전서 4:9-11, 고전 4:1-2
- 인사/ 반갑습니다. 주님의 이름으로 축복합니다, 사랑합니다.
- 찬송/ 326, 560장
- 신앙고백 (기도)

말씀읽기

9 서로 대접하기를 원망 없이 하고 10 각각 은사를 받은 대로 하나님의 여러 가지 은혜를 맡은 선한 청지기 같이 서로 봉사하라 11 만일 누가 말하려면 하나님의 말씀을 하는 것 같이 하고 누가 봉사하려면 하나님이 공급하시는 힘으로 하는 것 같이 하라 이는 범사에 예수 그리스도로 말미암아 하나님이 영광을 받으시게 하려 함이니 그에게 영광과 권능이 세세에 무궁하도록 있느니라 아멘 (벧전 4:9-11)

1 사람이 마땅히 우리를 그리스도의 일꾼이요 하나님의 비밀을 맡은 자로 여길지어다 2 그리고 맡은 자들에게 구할 것은 충성이니라 (고전4:1-2)

생각하기/ 입으로 피고름을 빨아낸 손양원 목사

손양원 목사는 사랑과 섬김의 삶을 산 사람입니다. 그는 애양원에서 나환자들을 사랑하고 섬기면서 한 평생을 살았습니다. 그의 딸 손동희 권사는 이렇게 기록했습니다. "아버지는 이들을 너무나 사랑했다. 아버지는 분명 우리 남매의 아버지인데 내가 볼 땐 나환자들의 아버지인 것만 같아 보였다. 아버지는 하루의 거의 대부분을 나환자들과 함께 보냈다. 아버지는 그들의 피고름 나는 손을 거침없이 부여잡고 장시간 대화를 나누곤 했다. 나병의 환부에는 사람의 침이 좋은 약이 된다며 입으로 피고름을 빨아내는 일도 마다하지 않았다.

말씀 속으로

1. 하나님은 모든 사람에게 은사를 주셨습니다.

은사란 세 종류로 분류할 수 있습니다. 첫째는 각 사람에게 있는 재능이 은사입니다. 이는 자연적 은사라 할 수 있습니다. 믿는 사람이나 안 믿는 사람이나 모두에게 한가지 이상의 재능이 있습니다. 주님은 각자에게 달란트를 맡겼습니다.(마 25:14-) 달란트는 각자가 가지고 있는 재능입니다. 재능은 자연적 은사입니다.

두 번째는 직임적인 은사가 있습니다. 이는 그 사람에게 주어진 직분과 직위를 가리킵니다. 교회에서 목사, 장로, 집사, 교사, 권사, 구역장, 찬양대원 등 모든 직임이 은사입니다. 사회에서 대통령, 국회의원, 장관, 사장, 회장, 과장, 부장 등도 그에게 주어진 직위은사입니다.

세 번째는 영적인 은사가 있습니다. 이는 믿는 사람들에게 성령이 임하심으로 나타나는 은사입니다.(고전 12:4-7)

성경읽기/ 에베소서 4:11 말씀을 읽고 은사의 종류를 말해봅시다.

2. 은사는 섬기라고 주셨습니다.

교회에서 직임적인 은사나 영적인 은사나 재능적인 은사를 가진 자들은 그 은사에 맞게 섬겨야 합니다. 가르치는 재능을 가진 자는 가르치는 일을 해야 합니다. 악기의 재능을 가진 자는 악기로 하나님을 찬양해야 합니다.

장로 권사 집사 등도 자기 직분에 맞게 섬기는 일을 해야 합니다. 체육 예능 미술의 재능을 가진 자는 그 일로 하나님의 영광을 드러내며 섬겨야 합니다. 교회에서 내가 할 수 있는 일이 무엇인가를 찾아서 할 수 있는 일을 해야 합니다. 사회에서도 자신의 직임에 맞게 섬겨야 합니다. 대통령도 국회의원도 장관도 모두 섬기라고 세운 직임입니다. 법관, 경찰, 의사 또는 사장도 사원도 공무원도 청소부도 모두 섬기기 위해 존재하는 것입니다.

성경읽기/ 로마서 12:7-8 말씀을 읽고 은사의 종류와 어떻게 섬겨야 할지 말해봅시다.

3. 선한 청지기같이 섬기며 봉사해야 합니다.

청지기는 주인의 것을 맡아 관리하는 자입니다. 그리스도인들은 모두 주인의 것을 맡아 관리하는 종들이요 청지기입니다. 성도의 또 다른 이름은 종입니다. 남편의 종이 되고, 아내의 종이 되고, 자식의 종이 되고, 부모의 종이 되고, 교회에서 목사님의 종이 되고, 교인들의 종이 되어야 합니다.

이것이 사랑이고 이것이 내게 맡겨진 사명인 것입니다. 하나님은 우리가 사랑받고 살기 원합니다. 우리가 섬기는 자세를 가지고 선한 청지기로서 종의 삶을 살아갈 때 하나님께서 은혜를 주시고 기쁨을 주십니다.

성경읽기/ 고린도후서 12:15을 읽고 바울의 섬김에 대하여 말해봅시다.

나가는 말

교회 안에는 이름만 장로, 권사, 집사가 있습니다. 그러나 충성하는 일꾼, 순종하는 일꾼, 참된 일꾼은 소중한 자로 존경받습니다. 존경받고 높임을 받는 자가 되기 위해서는 철저하게 희생하며 섬기는 자가 되어야 합니다. 교회의 모든 직분은 섬기기 위해 주어진 것입니다.

우리는 하나님을 섬기는 사람들입니다. 하나님을 섬기기 위해 하나님 앞에 나와야 하고, 그 앞에 무릎 꿇어야 합니다. 예배에 빠짐없이 참석해야 하고, 봉사해야 하고, 전도해야 하고, 헌금도 해야 합니다. 하나님이 하라고 하시는 일이니까 그렇게 해야 합니다. 그러지 않으면서 하나님의 백성이라고 말할 수 없습니다.

나눔의 시간

1. 오늘 말씀을 통하여 느낀 점을 말해봅시다.
2. 나는 나에게 있는 은사 재능을 가지고 어떻게 섬기고 있는지 말해봅시다.

적용하기

오늘 말씀을 생활에 어떻게 적용할까 말해봅시다.

결단 및 합심기도

1. 나에게 주어진 은사를 잘 활용하고 있는가 돌아보며 종처럼 섬기지 못한 것이 있으면 회개하고 선한 청지기 같이 봉사하며 섬길 것을 다짐하며 기도합시다.
2. 우리 구역 부흥과 교회부흥과 전도 대상자를 위하여 기도합시다.

감사 및 알림

헌금 및 기도, 교회소식, 구역소식, 다음 모임, 주기도

제35과 섬김의 대상과 방법

- 본문/ 마태복음 25:35-40
- 인사/ 반갑습니다. 주님의 이름으로 축복합니다, 사랑합니다.
- 찬송/ 240, 213장
- 신앙고백 (기도)

말씀읽기

35 내가 주릴 때에 너희가 먹을 것을 주었고 목마를 때에 마시게 하였고 나그네 되었을 때에 영
접하였고 36 헐벗었을 때에 옷을 입혔고 병들었을 때에 돌보았고 옥에 갇혔을 때에 와서 보았
느니라 37 이에 의인들이 대답하여 이르되 주여 우리가 어느 때에 주께서 주리신 것을 보고 음
식을 대접하였으며 목마르신 것을 보고 마시게 하였나이까 38 어느 때에 나그네 되신 것을 보
고 영접하였으며 헐벗으신 것을 보고 옷 입혔나이까 39 어느 때에 병드신 것이나 옥에 갇히신
것을 보고 가서 뵈었나이까 하리니 40 임금이 대답하여 이르시되 내가 진실로 너희에게 이르노
니 너희가 여기 내 형제 중에 지극히 작은 자 하나에게 한 것이 곧 내게 한 것이니라 하시고

생각하기/ 머리민 교인들

미국의 유명한 새들백교회에 출석하는 한 성도의 간증입니다. 이 사람은 교회의 주변에서 미용실을 하는 불신자였습니다. 어느 날 교회의 성도들이 미용실에 와서 머리를 밀어 달라고 했습니다. 그 이유는 그 교회에 출석하는 중학생 여자 아이가 있었는데 병원에서 항암치료로 머리가 다 빠졌다고 머리 때문에 교회에 가는 것을 주저한다는 소식을 듣고 교인들이 머리를 깎기로 했답니다. 이 사실을 안 미용실 주인이 감동하게 되어 그 교회에 출석하였다고 합니다. 이 아이는 엄마의 설득으로 모자를 쓰고 교회에 따라가 교회의 문을 열었는데 여기저기 자기처럼 머리를 민 사람들이 많이 있어 자신도 자연스럽게 모자를 벗었다고 합니다.

말씀 속으로

1. 하나님을 잘 섬겨야 합니다.

하나님은 예배를 통하여 섬깁니다. 예배는 하나님 섬기는 예식입니다. 예배에는 찬양이 있고 말씀이 있고 감사가 있고 기도가 있습니다. 이 모든 것이 하나님 섬기는 예식입니다. 그리스도인들은 예배를 통하여 하나님을 섬깁니다. 그리고 하나님의 날을 구별하여 지키는 것입니다. 십계명의 4계명은 하나님의 날에 대한 계명입니다. 안식일은 특별히 하나님 섬기는 날로 정했습니다. 구약의 성도들은 안식일을 철저히 지켰습니다. 신약시대는 주일을 철저히 지켜야 합니다. 365일 모두가 하나님의 날이지만 특별히 예배의 날로 구별시킨 안식일 주일을 구별되게 지켜야 합니다.

성경읽기/ 출애굽기 20:8을 읽고 안식일을 어떻게 지켜야 하는지 오늘에 적용해서 말해봅시다.

2. 교회를 섬겨야 합니다.

교회는 하나님의 집이요 주님의 몸입니다. 그러므로 교회를 섬기는 것은 하나님을 섬기는 것이며 주님을 섬기는 것입니다. 교회를 섬기는 것은 교회를 위하여 봉사하며 자신을 드려 헌신하는 것입니다. 교회를 사랑하며 교회를 위하여 기도하며 새신자를 돌아보고 병든 자를 돌아보며 어려움 당한 성도들을 위로하고 도와주며 교회봉사에 우리 몸과 시간과 물질을 드리는 것입니다. 교회는 하나님을 섬기는 자들이 모여서 예배드리고 서로 교제하며 봉사하는 곳입니다.

또한 이웃을 섬겨야 합니다. 이웃을 위해 기도하며 이웃의 아픔을 함께 나누며 이웃에게 사랑을 실천해야 합니다.

성경읽기/ 로마서15:25 말씀을 읽고 바울사도는 왜 예루살렘에 간다고 하였는지 말해봅시다.

3. 섬김의 방법

주어진 것으로 섬깁니다. 나에게 준 건강, 나에게 준 지식, 나에게 준 물질, 나에게 준 달란트를 가지고 하나님과 이웃을 섬깁니다. 어려움과 고통당하는 이웃을 품고 기도하며 아픔을 함께 나누는 것입니다. 하나님은 인간을 홀로 살지 않고 서로 도우며 섬기며 함께 살도록 하셨습니다. 옆에 있는 분을 섬기라고 만나게 해 주신 것입니다. 가족들도 섬기라고 주신 것입니다. 교회 직분도 섬기라고 주셨습니다.

청소하는 일, 주방봉사, 꽃꽂이, 차량운행, 주보접기, 안내, 주차 안내 등 자신이 할 수 있는 일에 참여하여 섬기는 것입니다. 우리는 나에게 있는 것 내가 할 수 있는 것으로 섬기며 살아야 합니다.

성경읽기/ 로마서12:15-16 말씀을 읽고 섬김의 방법을 찾아 적용해서 말해봅시다.

나가는 말

어느 집사님 가족은 매달 고아원을 방문합니다. 가족과 함께 시장에 가서 과일도 사고 반찬거리도 사고 김밥 수백 줄을 만들어 차에 싣고 고아원으로 갑니다. 아름다운 특송을 준비해서 고아들에게 들려줍니다. 그들과 하루 종일 시간을 보내고 옵니다. 다른 사람을 섬기면 섬김을 받는 이도 행복하고 섬기는 사람은 두 배나 행복합니다. 섬기는 사람은 예수님을 닮은 사람입니다.

주님은 섬기는 자를 더 귀하게 보십니다. 가정에서도 어머니, 아버지가 되었다는 것은 자식들을 섬기기 위해서입니다.

나눔의 시간

1. 오늘 말씀을 통하여 느낀 점을 말해봅시다.
2. 나는 교회에서 어떤 분야에서 무엇으로 섬기고 있는지 말해봅시다.

적용하기

오늘 말씀을 생활에 어떻게 적용할까 말해봅시다.

결단 및 합심기도

1. 내가 섬길 수 있는데 섬기지 않은 것이 있으면 회개하며 하나님과 교회와 이웃을 더욱 잘 섬길 것을 다짐하며 기도합시다.
2. 우리 구역 부흥과 교회부흥과 전도 대상자를 위하여 기도합시다.

감사 및 알림

헌금 및 기도, 교회소식, 구역소식, 다음 모임, 주기도

제36과 섬김의 축복

- 본문/ 빌립보서 2:9-11, 요12:24-26
- 인사/ 반갑습니다. 주님의 이름으로 축복합니다, 사랑합니다.
- 찬송/ 461, 452장
- 신앙고백 (기도)

말씀읽기

9 이러므로 하나님이 그를 지극히 높여 모든 이름 위에 뛰어난 이름을 주사 10 하늘에 있는 자들과 땅에 있는 자들과 땅 아래 있는 자들로 모든 무릎을 예수의 이름에 꿇게 하시고 11 모든 입으로 예수 그리스도를 주라 시인하여 하나님 아버지께 영광을 돌리게 하셨느니라

생각하기/ 장로에서 떨어진 조덕삼

전라북도 김제군 금산리에 "ㄱ" 자 교회인 금산교회가 있습니다. 그 교회는 1905년 미국 선교사인 테이트 목사가 금산지역의 갑부인 조덕삼의 사랑채에서 시작된 교회입니다. 금산교회는 교회당을 건축해야 할 때 조덕삼이 자신의 과수원 대지를 헌금과 함께 드렸습니다. 이제 교회가 부흥해서 장로 선거를 실시하게 되었는데 주인인 조덕삼은 떨어지고 자기 집에서 일하는 종인 이자익이 장로가 되었습니다. 교인들은 큰 걱정을 했습니다. 그때 조덕삼은 발언권을 얻어 이렇게 말했습니다. "이 결정은 하나님이 내리신 결정입니다. 나는 교회의 결정에 순종하고 장로로 피택된 이자익 장로를 받들어 열심히 교회를 섬기겠습니다." 후에 이자익 장로가 평양신학교에 입학을 하게 되자 조덕삼은 기도와 물질로 도왔고, 이자익이 목사 안수를 받게 되자 조덕삼은 이자익을 금산교회 2대 담임목사로 청빙해 섬겼습니다. 조덕삼은 전 국회의원 조세형 의원의 할아버지이기도 합니다.

말씀 속으로

1. 섬길 때 행복합니다.

사람은 내게 소명으로 주어진 일을 할 때 행복을 느끼고 기쁨을 느낍니다. 사람이 미숙할 때는 얻을 때 행복해 하고 선물을 받을 때 행복해 하지만 사람이 성숙하게 되면 줌으로서 행복하고 나눔으로서 행복해 합니다. 사람이 성장하면 연애를 하는데 연애는 뭔가를 줄 대상을 찾는 행위입니다. 그렇게 해서 상대를 찾게 되면 줌으로 행복을 누립니다. 결혼할 때 보면 얼마나 행복한 모습입니까. 내가 보호자가 되므로 행복하고 누군가를 챙겨주고 돌보고 섬기고 나누며 행복해 하는 것 그것이 섬김의 삶입니다. 사람은 섬길 때 기쁨을 얻습니다.

성경읽기/ 요한복음 12:24 말씀을 읽고 우리가 많은 열매를 맺기 위해서 어떻게 해야 할 것인가 적용해 말해봅시다.

2. 섬기는 자는 존귀하게 됩니다.

슈바이처는 존경받고 사랑받는 사람입니다. 이는 그가 병들고 억압받는 자를 위하여 자기 생애를 바쳤기 때문입니다.

테레사 수녀는 캘커타 거리에서 헐벗고 굶주린 자에게 양식과 옷을 주었고 그들에게 사랑을 베풀었기 때문에 위대한 여성으로 노벨 평화상을 받고 세계적으로 존경받는 인물이 된 것입니다.

다른 사람을 섬기고, 희생이 크거나, 봉사의 범위가 클수록 더욱 위대한 사람입니다.

주님은 이 땅에 오셔서 섬김의 삶을 사셨습니다. 그러므로 주님을 따르는 것은 주님처럼 섬김의 삶을 사는 것입니다.

세상에서도 사람들에게 존경을 받으려면 사람들을 잘 섬겨야 합니다. 권위만 내세우고 자신의 유익만을 추구하려고 하면 그 권위에 굴복할 수는 있지만 절대로 존경받지 못합니다.

성경읽기/ 요한복음 12:25-26을 읽고 교훈을 말해봅시다.

3. 섬김에는 영광이 보장되어 있습니다.

예수님께서도 섬김으로 영광을 받으시되 모든 만물들로 예수의 이름에 무릎을 꿇게 하시고 모든 만물로부터 예수 그리스도를 주라 시인하여 하나님 아버지께 영광을 돌리게 하셨습니다. 주님께서는 으뜸이 되려면 먼저 낮아져서 섬기는 자가 되라고 말씀하십니다.

먼저 섬길 때 섬김을 받는 열매가 주어지기 때문입니다. 누구든지 으뜸이 되고자 하는 자는 모든 사람의 종이 되어야 합니다.(막 10:44)

성경읽기/ 빌립보서 2:9 말씀을 읽고 예수님을 왜 지극히 높이셨는지 말해봅시다.

나가는 말

"섬기는 부모가 자녀를 큰사람으로 키운다."라는 책을 쓴 전혜성 박사가 계십니다. 신앙인으로 이화여대 2학년 때 미국으로 유학을 가 사회학 박사와 인류학 박사 학위를 받고 교수로서 생활하며 여섯 아이를 길렀습니다. 그런데 이 여섯 자녀가 모두 하버드대와 예일대를 졸업하였고 한 가족이 11개의 박사 학위를 취득하였습니다. 이들은 미국 최고 대학에서 학생들을 가르치고 미 국무부 차관보, 매사추세츠주 보건 후생부 장관, 하버드 대학 공공보건대학원 부학장, 예일대 법대 학장 등을 역임하고 있습니다. 예일대 200년 역사상 남매(홍

주 · 경은)가 석좌 교수 이상에 임명된 경우도 처음 있는 일이었답니다. 모범적이고 성공적인 가정이어서 미국 교육부가 이 가족을 '동양계 미국인 가정교육 연구 대상'으로 선정하였다고 합니다.

나눔의 시간

1. 오늘 말씀을 통하여 느낀 점을 말해봅시다.
2. 내가 남을 섬겼을 때 느꼈던 기쁨이나 행복이 있었으면 말해봅시다.

적용하기

오늘 말씀을 생활에 어떻게 적용할까 말해봅시다.

결단 및 합심기도

1. 나는 섬기는 것과 섬김 받는 것 어느 것을 더 좋아하고 있는지 돌아보며 더 많이 섬기며 살 것을 다짐하며 기도합시다.
2. 우리 구역 부흥과 교회부흥과 전도 대상자를 위하여 기도합시다.

감사 및 알림

헌금 및 기도, 교회소식, 구역소식, 다음 모임, 주기도

제37과 기독교와 사랑

- 본문/ 요한1서 4:7-10
- 인사/ 반갑습니다. 주님의 이름으로 축복합니다, 사랑합니다.
- 찬송/ 335, 260장
- 신앙고백 (기도)

말씀읽기

7 사랑하는 자들아 우리가 서로 사랑하자 사랑은 하나님께 속한 것이니 사랑하는 자마다 하나
님으로부터 나서 하나님을 알고 8 사랑하지 아니하는 자는 하나님을 알지 못하나니 이는 하나
님은 사랑이심이라 9 하나님의 사랑이 우리에게 이렇게 나타난바 되었으니 하나님이 자기의
독생자를 세상에 보내심은 그로 말미암아 우리를 살리려 하심이라 10 사랑은 여기 있으니 우
리가 하나님을 사랑한 것이 아니요 하나님이 우리를 사랑하사 우리 죄를 속하기 위하여 화목
제물로 그 아들을 보내셨음이라

생각하기/ 죽음으로 지킨 생명

암닭이 병아리들과 놀고 있었습니다. 그런데 갑자기 닭장 위에 족제비가 나타났습니다. 이를 본 암탉은 급히 자기의 새끼들을 불러서 날개 속에 숨겼습니다. 족제비가 암탉에게로 달려들어 머리를 물었습니다. 암탉이 머리에 큰 상처를 입고 피를 흘리자 족제비는 그 피를 빨아 먹었습니다. 암탉은 피투성이가 되어 죽어가면서도 자기의 날개 속에 있는 새끼를 지키기 위해 꼼짝도 하지 않고 그 자리에 앉아서 죽었습니다. 암탉의 몸에서 피를 다 빨아먹은 족제비가 갔습니다. 그때 새끼들이 날개 밑에서 삐약 삐약 소리를 내며 한 마리씩 기어 나왔습니다.

예수님은 십자가에서 우리를 위하여 모든 고통을 참으신 것입니다. 예수님은 피할

수도 있었고 십자가에서 내려와 자기 생명을 구원할 수도 있었습니다. 그러나 우리를 살리기 위해 고통을 참으시고 죽으셨습니다. 이것이 하나님의 사랑이요 기독교의 사랑입니다.

말씀 속으로

1. 하나님은 사랑이십니다.

성경은 하나님께서 우리를 사랑하셨고 사랑하신다는 말씀으로 가득차 있습니다. 성경은 하나님의 사랑의 편지입니다. 하나님은 사랑이십니다.(요일4:8) 사랑은 하나님께 속한 것입니다. 사랑하는 자는 하나님을 알고 하나님께 속한 자요 사랑하지 아니하는 자는 하나님을 알지 못한 자요. 하나님께 속한 자가 아니라고 했습니다.(요일 4:7-8)

하나님의 사랑은 독생자 예수님을 주신 것으로 나타났습니다.(요일 4:9, 요 3:16)

성경읽기/ 요일 4:9을 읽고 하나님의 사랑이 어떻게 나타났는가 말해봅시다.

2. 기독교는 사랑의 종교입니다.

우리 기독교를 한 마디로 말하면 사랑의 종교입니다. 불교는 자비를 말하고 유교는 효를 말하나 기독교는 사랑을 말합니다. 사랑 안에 자비도 있고 효도 있고 도덕 윤리도 다 들어 있습니다.

기독교의 10계명의 핵심은 사랑입니다. 1-4계명은 하나님 사랑에 관한 계명이요 5-10계명은 이웃 사랑에 대한 계명입니다.

바울 사도는 사람이 천사의 말을 한다고 해도 사랑이 없으면 소리 나는 구리와 울리는 꽹과리가 되고 예언하는 능력이 있고, 모든 비밀과 모든 지식을 알아도 심지어 산을 옮길 만한 큰 믿음이 있다고 하여도 사랑이 없으면 아무것도 아니라고 하였습니다. "믿음과 소망 사랑 이 세 가지는 항상 있을 것인데 그 중에 제일은 사랑입니다."(고린도전서 13장)

성경읽기/ 로마서 5:8 말씀을 읽고 하나님의 사랑이 어떻게 확증되었는지 말해봅시다.

3. 십자가는 사랑의 핵심입니다.

기독교의 상징인 십자가는 사랑의 표시입니다. 십자가의 위에서 아래로의 수직선은 하나님과 우리의 사랑의 관계를 말하고, 좌에서 우로의 수평선은 하나님의 사랑을 받는 우리가 서로 사랑해야 할 것을 말하는 것입니다.

원래 십자가는 저주의 사형틀 이었습니다. 죄인 중에도 중한 죄인, 사형수 가운데도 가장 악한 죄인을 처형하던 형틀이었습니다. 그러나 예수께서 이 십자가에서 달려 돌아가심으로 인하여 이 십자가는 사랑의 십자가가 된 것입니다. 아무 죄도 없으신 예수님께서 십자가 위에서 사랑의 제물이 되셨습니다.

범죄한 인간을 구하기 위해 하나님께서 외아들 예수 그리스도를 세상에 보내어 십자가에서 대속의 제물로 죽게 하신 것입니다.

성경읽기/ 요 13:35에서 예수님의 제자됨의 표증이 무엇이라고 하였나요?

나가는 말

사랑이란 이 세상에서 가장 아름다운 언어요, 하나님에 대한 가장 올바른 이해의 척도입니다. 인간은 사랑에 의해 창조되었고 사랑으로 자녀를 낳고 사랑의 품으로 양육하고 사랑을 베풀며 살게 되어 있습니다.

인간은 떡으로만 사는 것이 아니라 사랑을 먹고 사는 존재입니다. 사랑을 먹어야만 그의 영혼이 빛을 발할 수 있고 그의 삶이 아름다울 수가 있습니다. 사랑처럼 아름다운 것은 없습니다. 사랑처럼 귀한 것은 없습니다. 사랑이 있는 곳이 곧 천국입니다. 반면에 미움이 있는 곳은 지옥입니다. 왜 그렇습니까? 하나님은 사랑이시고 마귀는 미움이기 때문입니다.

나눔의 시간

1. 오늘 말씀을 통하여 느낀 점을 말해봅시다.
2. 내가 하나님께 속한 자인가 아닌가를 알 수 있는 기준이 무엇인지 말해봅시다.

적용하기

오늘 말씀을 생활에 어떻게 적용할까 말해봅시다.

결단 및 합심기도

1. 하나님 사랑 이웃 사랑을 실천하지 못한 것을 회개하며 하나님의 사랑을 깨닫고 이제부터 사랑을 실천할 것을 다짐하며 기도합시다.
2. 우리 구역 부흥과 교회부흥과 전도 대상자를 위하여 기도합시다.

감사 및 알림

헌금 및 기도, 교회소식, 구역소식, 다음 모임, 주기도

제38과 사랑의 대상 (누구를 사랑하나?)

- 본문/ 요한일서 4:20-21
- 인사/ 반갑습니다. 주님의 이름으로 축복합니다, 사랑합니다.
- 찬송/ 315, 270장
- 신앙고백 (기도)

말씀읽기

20 누구든지 하나님을 사랑하노라 하고 그 형제를 미워하면 이는 거짓말하는 자니 보는 바 그 형제를 사랑하지 아니하는 자는 보지 못하는 바 하나님을 사랑할 수 없느니라 21 우리가 이 계명을 주께 받았나니 하나님을 사랑하는 자는 또한 그 형제를 사랑할지니라

생각하기/ 한 교사의 사랑

미국 시카고의 한 교회학교에 알코올 중독자인 아버지로 인해 심신에 큰 고통을 겪고 있는 불량기가 가득한 한 소년이 왔습니다. 거지처럼 남루한 차림의 옷과 험상궂은 이 소년에게 관심을 갖는 사람은 아무도 없었으나 오직 한 사람, 교회학교 교사인 파라(Fara) 선생은 소년을 꼬~옥 껴안으며 깊은 사랑을 보여 주었습니다.

파라 선생은 소년을 진심으로 환영하며 극진히 사랑으로 대해 주었습니다. 그때 부터 얼음 처럼 꽁꽁 얼어붙어 있던 소년의 마음이 조금씩 녹아 내렸습니다. 그리고 적의에 찬 얼굴에 잔잔한 웃음꽃이 피어났습니다. 이 소년의 이름은 드와잇 무디 입니다. 그는 후에 세계적인 부흥사로서 수백만 명의 영혼을 하나님께 인도한 세계 최고의 부흥사가 되었습니다. 한 교회학교 교사의 진실한 사랑이 불량 소년을 부흥사로 만들었던 것이다. 사랑의 힘은 참으로 위대하다. 우리는 누구를 사랑하며 살아야 할까요?

말씀 속으로

1. 하나님을 사랑합니다.

왜 하나님을 사랑해야 할까요? 하나님이 우리를 먼저 사랑하셨기 때문입니다. "사랑은 여기 있으니 우리가 하나님을 사랑한 것이 아니요 오직 하나님이 우리를 사랑하사 우리 죄를 위하여 화목제로 그 아들을 보내셨음이니라 "(요일 4:10)

하나님은 우리를 과거에도 사랑하셨고 지금도 사랑하시며 앞으로도 사랑하십니다. 하나 밖에 없는 아들을 십자가에서 죽게 하시기까지 우리를 사랑하셨습니다. 그러므로 사랑을 받은 우리도 하나님을 사랑하는 것이 마땅합니다.

성경읽기/ 요한일서 5:3 말씀을 읽고 어떻게 하나님을 사랑할 수 있는가에 대하여 말해봅시다.

2. 형제와 이웃을 사랑합니다.

독일의 시성 괴테는 '하늘에는 별이 있고 땅에는 꽃이 있듯이 인간의 마음에는 사랑이 있다' 고 하였습니다. 인간은 사랑없이는 살 수 없는 존재입니다. 누군가를 사랑하거나 다른 사람에게서 사랑을 받아야 하는 존재입니다. 만일 사람이 사랑하는 사람이 없고 사랑을 받을 사람이 없게 되면 두 달이 넘지 못하여 정신 분열증에 걸리게 된다고 합니다. 인간이란 먹는 것과 입는 것이 해결된다고 사는 것이 아니라 사랑을 하고 사랑을 받으면서 살게 되는 존재입니다.

우리는 하나님을 사랑하고 또한 형제와 이웃을 사랑해야 합니다. 형제가 어려움 당할 때 함께 하는 것이 사랑입니다. 구역 식구가 어려움 당할 때 함께 하고 교인이 어려움 당할 때 함께 하는 것이 형제 사랑, 이웃 사랑입니다. 이웃을 어떻게 사랑하라고 하였나요?

성경읽기/ 마가복음 22:39 말씀을 읽고 말해봅시다.

3. 원수도 사랑합니다.

원수란 나에게 아픔을 주고 해를 끼친 자를 원수라고 합니다. 그런 원수를 어떻게 사랑한단 말인가요?

사랑의 원자탄의 주인공이신 손양원 목사님은 원수 사랑을 실천하신분입니다. 그에게 동인이와 동신이 두 아들이 있었습니다. 목사님은 그 아들들을 미국에 유학 보내려고 준비하고 있었는데 어느 날 공산주의 좌익 청년에게 두 아들이 살해당했습니다. 사랑하는 두 아들을 잃은 목사님은 아들의 장례식에서 하나님께 감사를 드렸습니다.

나같은 죄인의 혈통에서 순교자가 나게 하셨으니 감사합니다.

"한 아들의 순교도 귀한데 두 아들이 순교하게 되었으니 더욱 감사합니다. 미국에 유학을 보내려고 준비하던 아들이 미국보다 더 좋은 천국으로 데려 갔으니 감사합니다. 주여! 나에게 분수에 넘치는 복을 주시니 감사합니다."

그리고 두 아들을 죽인 원수를 양아들로 삼았습니다. 하나님의 사랑이 그 안에 있었기 때문입니다.

예수님은 죄인된 우리를 위하여 대신 죽으셨습니다. 그리고 너희도 원수를 사랑하라고 말씀하십니다.

성경읽기/ 누가복음 6:27-28 말씀을 읽고 원수를 어떻게 사랑할지 말해봅시다 .

나가는 말

주님의 사랑을 받고 그 사랑을 깨달은 사람들은 주님의 말씀을 따라 살게 됩니다. 제자들은 사랑이 있었기에 헌신하였고 복음을 증거했고 순교까지 할 수 있었습니다. 성경은 우리에게 말합니다. "사랑하는 자들아 하나님이 이같이 우리를 사랑하셨은즉 우리도 서로 사랑하는 것이 마땅하도다."(요일 4:11)

나눔의 시간

1. 내가 하나님을 사랑할 수 있는 실제적인 일들에 대하여 말해 봅시다.
2. 나에게 아픔을 준 사람을 사랑한 적이 있는지 말해봅시다.

적용하기

오늘 말씀을 생활에 어떻게 적용할까 말해봅시다.

결단 및 합심기도

1. 이웃을 미워한 것이 있으면 회개하며 이제 계명을 지키며 어려움 당한 이웃을 사랑할 것을 다짐하며 기도합시다.
2. 우리 구역 부흥과 교회부흥과 전도 대상자를 위하여 기도합시다.

감사 및 알림

헌금 및 기도, 교회소식, 구역소식, 다음 모임, 주기도

제39과 사랑의 방법 (어떻게 사랑하나?)

- 본문/ 누가복음 10:26-28
- 인사/ 반갑습니다. 주님의 이름으로 축복합니다, 사랑합니다.
- 찬송/ 298, 391장
- 신앙고백 (기도)

말씀읽기

26 예수께서 이르시되 율법에 무엇이라 기록되었으며 네가 어떻게 읽느냐 27 대답하여 이르
되 네 마음을 다하며 목숨을 다하며 힘을 다하며 뜻을 다하여 주 너의 하나님을 사랑하고 또한
네 이웃을 네 자신 같이 사랑하라 하였나이다 28 예수께서 이르시되 네 대답이 옳도다 이를 행
하라 그러면 살리라 하시니

생각하기/ 한번 웃겨준 것이

어떤 사람이 천국에 갔더니 예수님이 문 입구에 서서 들어오는 사람들을 심사하고 있는데 "너는 헐벗은 자에게 입혀 주었구나 들어가라" "너는 굶주린 자에게 먹을 것을 주었구나 들어가라" "너는 목마른 자에게 마실 것을 주었구나 들어가라" "너는 나그네를 영접했구나 들어가라" "너는 감옥에 있을 때에 방문해 주었구나 들어가라"고 합니다. 이 분이 뒤에서 그 광경을 보고 있다가 자기는 아무것도 한 일이 없으니까 두려운 마음을 가지고 있는데 예수님께서 "가까이 오라" 하더니 "너는 먹을 것을 준 일도 없고, 옷을 준 일도 없지만 고아원에 찾아가서 고아들 한번 웃겨 주었으니 천국에 들어가라" 하셨다고 합니다.

말씀 속으로

1. 사랑은 이웃을 돌아보는 것입니다.

한 율법사가 예수님께 나아와 "내가 무엇을 하여야 영생을 얻으리이까?라고 물었습니다. 이때 예수님은 "율법에 무엇이라 기록되었느냐고 되묻자 율법사는 "네 마음을 다하며 목숨을 다하며 힘을 다하며 뜻을 다하여 주 너의 하나님을 사랑하고 또한 네 이웃을 네 자신 같이 사랑하라 하였나이다" 고 대답하였습니다. 예수님은 "네 대답이 옳도다 이를 행하라" 고 하였습니다. 그러자 율법사는 우리의 이웃이 누구냐고 다시 물었습니다. 예수님은 강도 만난 자의 예를 들어서 이웃을 설명해 주셨습니다. 사랑은 이웃을 돌아보는 것입니다. 이웃이 주리고 목마르고 아파하고 어려움 당할 때 함께 하는 것입니다.

성경읽기/ 요한일서 3:8에서 우리가 어떻게 사랑하라고 하였는지 말해봅시다.

2. 사랑은 이웃의 허물을 덮어 주고 감싸 주는 것입니다.

어릴 때부터 눈썹이 나지 않은 아가씨가 있었습니다. 그녀는 오랜 시간 혼자 지내다가 어느 연탄 장수에게 시집을 가게 되었습니다. 그녀는 자신의 눈썹 얘기를 하지 않았습니다. 대신 그녀는 매일 남편보다 일찍 일어나 화장으로 눈썹을 그리고 눈썹이 나지 않는다는 사실을 숨겼습니다. 어느 날 남편의 일을 돕는 직원이 몸이 아파서 나오지 못하게 되어 그녀가 대신 남편의 일을 돕기로 했습니다. 남편과 함께 연탄을 날랐습니다. 그녀는 너무 힘들어 많은 땀을 흘렸습니다. 남편이 잠시 쉬자고 말하면서 쉬는 동안 자신의 수건으로 그녀의 땀을 닦아 주었습니다. 그런데 속고 있을 것이라고 생각했던 남편이 미소를 지으면서 그녀의 눈썹만을 피해 조심조심 땀을 닦아주는 것입니다. 그 순간 그녀는 자기 자신이 이 세상 누구보다도 행복하다는 것을 느꼈다고 합니다.

사랑은 상대방을 배려합니다. 참된 사랑은 아픔을 감싸 주는 것입니다. 약점과 허물을 덮어주는 것입니다.

성경읽기/ 고린도전서 13:5 말씀을 읽고 사랑에 대하여 말해봅시다.

3. 사랑은 자신을 주는 것입니다.

1865년 겨울 한 여인이 자신의 갓난 아들을 안고 영국의 사우스 웨일즈 언덕을 지나고 있었습니다. 그런데 갑자기 먹구름이 밀려 오더니 눈보라가 치기 시작했습니다. 눈보라 속에 여인은 그만 길을 잃어버렸습니다. 길을 잃은 이 여인은 아기를 품에 안고 눈보라 속을 헤매기 시작했습니다. 그리고 여인은 추위에 떨다가 숨을 거두었습니다.

얼마 후 그곳을 지나가던 사람들이 죽어있는 한 여인을 발견했습니다. 그런데 이 여인은 속옷 차림이었습니다. 여인은 자기의 겉옷을 벗어 아기의 몸을 돌돌 감싸고 그 아기를 품에 안고 죽은 것입니다. 사람들이 어머니의 품에서 아이를 꺼내 보니 아기가 아직 살아 있는 것입니다. 이 아기가 바로 1916년 영국 수상이 된 데이비드 로이드 조지였습니다.

사랑은 힘들고 억울함은 참아주고 허물은 덮어 주고 잘못은 용서해 주고 감싸 주고 자기 생명까지도 주는 것입니다.

성경읽기/ 고린도전서 13:7 말씀을 읽고 사랑에 대하여 뭐라고 정의하고 있는지 말해봅시다.

나가는 말

인간의 사랑 가운데 어머니의 사랑이 가장 고귀하다고 합니다. 그 어머니의 사랑은 철저하게 주는 사랑입니다. 줌으로써 기뻐하고 보람을 느끼는 것이 어머니의 사랑입니다.

사랑에는 수고가 뒤따릅니다. 사랑한다면 수고하게 됩니다. 예수님이 십자가 상의 고통을 참으신 것은 인류를 사랑하는 뜨거운 마음이 있었기 때문입니다. 사랑은 자신을 희생하는 것입니다.

나눔의 시간

1. 오늘 말씀을 통하여 느낀 점을 말해봅시다.
2. 나는 가정에서나 교회에서 얼마나 나를 주고 있는지 말해봅시다.

적용하기

오늘 말씀을 생활에 어떻게 적용할까 말해봅시다.

결단 및 합심기도

1. 자신을 주지 않고 받으려고만 했으면 회개하며 이제부터 나를 주는 삶을 살 것을 다짐하며 기도합시다.
2. 우리 구역 부흥과 교회부흥과 전도 대상자를 위하여 기도합시다.

감사 및 알림

헌금 및 기도, 교회소식, 구역소식, 다음 모임, 주기도

제40과 사랑의 축복

- 본문/ 요한복음 14:21, 23-24
- 인사/ 반갑습니다. 주님의 이름으로 축복합니다, 사랑합니다.
- 찬송/ 6, 79장
- 신앙고백 (기도)

말씀읽기

21 나의 계명을 지키는 자라야 나를 사랑하는 자니 나를 사랑하는 자는 내 아버지께 사랑을 받
을 것이요 나도 그를 사랑하여 그에게 나를 나타내리라 23 예수께서 대답하여 이르시되 사람
이 나를 사랑하면 내 말을 지키리니 내 아버지께서 그를 사랑하실 것이요 우리가 그에게 가서
거처를 그와 함께 하리라 24 나를 사랑하지 아니하는 자는 내 말을 지키지 아니하나니 너희가
듣는 말은 내 말이 아니요 나를 보내신 아버지의 말씀이니라

생각하기/ 최장수 부부

기네스북에 세계 최장수 부부로 영국인 퍼시애로스미스(105세)와 플로렌스(100세) 부부가 올랐습니다. 교회학교 교사였던 플로렌스는 1925년 6월1일 마을의 작은 교회에서 다섯 살 연상의 청년을 신랑으로 맞이했습니다. 그리고 80년의 세월이 흘렀습니다. 사람들이 이 부부에게 물었다. "어떻게 그 오랜 세월을 해로(偕老) 할 수 있었습니까?" 남편이 대답하기를 "항상 아내에게 여보, 사랑해요!라고 말했지요!" 아내가 대답하기를 "저는 남편에게 늘 여보, 미안해요!라고 말했지요." 이들 부부는 사랑하고 배려하므로 최장수 부부가 된 것입니다.

성경은 사랑하는 자들에게 크신 복을 약속하고 있습니다. 사랑하면 어떤 복을 받게 될까요?

말씀 속으로

1. 하나님의 사랑을 받습니다.

사랑하면 사랑을 받습니다. 예수님께서는 "나를 사랑하는 자는 내 아버지께 사랑을 받을 것이요 나도 그를 사랑하겠다고 하셨습니다."(요 14:21) 세상에서 사랑을 하고 사랑을 받는 것보다 더 큰 행복은 없습니다. 하나님의 사랑은 우리와 함께 하시는 사랑이며 우리가 어려움을 당할 때 도와 주시고 건져 주시는 사랑입니다. 우리가 하나님을 사랑하고 이웃을 사랑하며 살 때 하나님께서 우리를 사랑하셔서 우리를 지켜 주시고 보호해 주십니다. 또한 우리가 위기를 당하고 고난을 당할 때 하나님이 건져 주십니다. "그가 나를 사랑한즉 내가 그를 건지리라"고 하셨습니다.(시편 91:14)

성경읽기/ 잠언 8:17 말씀에서 사랑하는 자에게 어떤 복을 약속하였나 말해봅시다.

2. 사랑하면 자손이 번성하게 됩니다.

하나님께서는 모세를 통하여 이스라엘 백성들에게 말씀하시기를 네 하나님 여호와를 사랑하고 그 모든 길로 행하면 번성케 되리라고 하였습니다.

"곧 내가 오늘날 너를 명하여 네 하나님 여호와를 사랑하고 그 모든 길로 행하며 그 명령과 규례와 법도를 지키라 하는 것이라 그리하면 네가 생존하며 번성할 것이요 또 네 하나님 여호와께서 네가 가서 얻을 땅에서 네게 복을 주실 것임이니라"(신 30:16) 하나님을 사랑하며 법도를 지키면 이 땅에서도 번성케 됩니다.

성경읽기/ 신명기 6:5 말씀을 읽고 하나님을 어떻게 사랑해야 되는지 말해봅시다.

3. 물질의 복을 받습니다.

하나님은 우주의 모든 것을 다 만드신 주인이십니다. 그러므로 금은보석, 산과 바다가 하나님의 것입니다. 또한 부귀도 하나님의 것이요 재물과 영화도 하나님의 것입니다.(잠 8:18)

하나님은 이 모든 것을 하나님을 사랑하는 자에게 주시길 원하십니다. "이는 나를 사랑하는 자로 재물을 얻어서 그 곳간에 채우게 하려 함이니라."(잠 8:21)

근세기 200년 동안 가장 큰 부자는 미국의 록펠러입니다. 그는 알려진 것만 4900여 교회를 세웠고 학교를 430여개 세웠으며 대학교도 10곳을 세웠습니다. 그는 십일조만 관리하는 직원이 40명이나 되었다고 합니다. 그는 하나님을 사랑하며 계명을 지킨 자입니다.

오늘 세계를 이끌고 있는 나라는 미국입니다. 미국은 하나님을 믿는 신앙 위에 세워진 나라입니다. 미국 돈에는 "우리는 하나님을 믿는다"고 기록되었습니다. 하나님은 하나님을 사랑하는 사람과 나라와 민족을 축복하십니다.

성경읽기/ 출애굽기 20:6에서 하나님을 사랑하는 자에게 어떤 복을 약속했나요?

나가는 말

사랑은 성경의 핵심이요 율법의 완성입니다. 사람은 사랑하면 그만큼 행복합니다. 열 사람 사랑하면 열 만큼 행복의 범위가 커집니다. 내 동포를 사랑하면 그 만큼 행복이 더 커집니다. 사랑이 없는 신앙은 참된 신앙이 아닙니다. 하나님의 사랑을 알고 사랑의 삶을 살 때 하나님께서는 사랑하는 자에게 필요한 복을 주셔서 그 곳간을 채워 주십니다.

우리는 남은 인생 동안 하나님을 사랑하고 이웃을 사랑하며 내 가족을 사랑하고 주님의 교회를 사랑하는 '사랑의 사람' 이 되어 하나님의 약속된 축복을 받는 자들이 됩시다.

나눔의 시간

1. 오늘 말씀을 통하여 느낀 점을 말해봅시다.
2. 내가 사랑하므로 받은 축복들이 있으면 나눠 봅시다.

적용하기

오늘 말씀을 생활에 어떻게 적용할까 말해봅시다.

결단 및 합심기도

1. 사랑해야 할 대상들을 사랑하지 못한 것이 있으면 회개하고 사랑하므로 약속된 축복을 받아 누리며 살 것을 기도합시다.
2. 우리 구역 부흥과 교회부흥과 전도 대상자를 위하여 기도합시다.

감사 및 알림

헌금 및 기도, 교회소식, 구역소식, 다음 모임, 주기도

제41과 지혜로운 청지기

- 본문/ 누가복음 12:42-44
- 인사/ 반갑습니다. 주님의 이름으로 축복합니다, 사랑합니다.
- 찬송/ 595, 597장
- 신앙고백 (기도)

말씀읽기

42 주께서 이르시되 지혜 있고 진실한 청지기가 되어 주인에게 그 집 종들을 맡아 때를 따라
양식을 나누어 줄 자가 누구냐 43 주인이 이를 때에 그 종이 그렇게 하는 것을 보면 그 종은 복
이 있으리로다 44 내가 참으로 너희에게 이르노니 주인이 그 모든 소유를 그에게 맡기리라

생각하기/ 두 분류의 청지기

청지기는 두 종류가 있습니다. 진실한 청기지와 미련한 청지기입니다. 주인이 청지기에게 가정의 모든 일을 맡기고 떠났습니다. 그런데 이 청지기는 지혜롭고 진실한 청지기가 되어서 주인이 없는 동안 더 열심히 일을 합니다. 때를 따라 양식을 종들에게 나누어 주고 가정을 잘 관리합니다.

그러나 악하고 미련한 청지기는 주인이 언제 올지 모르니까 주인이 더디 오리라 생각하여 취하고, 방탕하고, 종들을 때리고 무질서한 삶을 삽니다. 그러다 생각지 않은 시간에 주인이 돌아오므로 이 미련한 청지기는 주인으로부터 큰 책망을 받게 됩니다. 주인은 악한 청지기를 엄히 때리고 신실하지 못한 자의 법률에 처하게 됩니다.

말씀 속으로

1. 청지기는 주인의 것을 관리하는 관리인입니다.

청지기 또는 관리인은 헬라어로는 디아코노스 또는 오이코노모스 로서 이 말은 식탁에서 수종드는자 또는 배에서 노를 젓는 자 라고 하는 뜻입니다. 이 단어가 집사라고도 번역되고 일꾼, 맡은 자, 관리인, 청지기, 하인, 종으로 번역이 되었습니다. 청지기는 주인의 것을 맡은 자요 관리인이요 일꾼인 것입니다.

우리는 이 땅에 태어날 때 아무것도 가지고 온 것이 없습니다. 그러나 지금 우리에게는 가지고 있는 것, 누리고 있는 것들이 있습니다. 이것은 주인으로부터 위임받은 것들 입니다. 우리의 시간, 건강, 사업, 직장, 재산등 우리의 가진 모든 것들이 우리의 것이 아닙니다. 이 모든 것을 주인의 뜻대로 사용해야 합니다.

성경읽기/ 욥기 1:20~22 말씀을 읽고 욥의 고백에 대하여 말해봅시다.

2. 주인은 하나님이십니다.

청지기는 주인으로부터 무엇을 위임받았는지를 알아야 합니다.

첫째 시간을 위임받았습니다. 하루 24시간은 하나님께서 모든 사람들에게 동등하게 맡기셨습니다. 그러므로 이 시간을 잘 계획하여 활용하여야 합니다. 시간을 어디에다 어떻게 쓰느냐에 따라 그 열매를 거두게 됩니다.

성경은 세월을 아끼라고 말합니다.(엡 5:16) 시간을 소중히 여기고 바르게 활용하라는 말입니다.

또한 우리에게 있는 물질과 재능도 주인으로부터 위임받은 것입니다. 사람들은 재물에 대하여 내가 벌었으니 내 것으로 여기기가 쉽습니다. 그러나 모든 재물은 하나님의 것이며, 우리는 잠깐 관리하는 청지기입니다. 그러므로 재물을 하나님이 기뻐하시는 선한 뜻을 위해 사용하여야 합니다.

성경읽기/ 로마서 11:36 말씀을 읽고 물질관에 대하여 말해봅시다.

3. 청지기 정신을 가지고 살아야 합니다.

청지기 정신은 자기 것이 전혀 없고 모두가 다 주인의 것이라는 정신입니다. 주인 것 가지고 봉사한다는 정신입니다. 내 것 가지고 봉사한다는 생각을 버려야 합니다. 내 것 가지고 한다는 생각을 가지고 일을 하면 교만해질 수 있습니다 자신을 드러낼 수 있습니다. 내가 교회를 돕고 이웃을 돕고 하나님도 돕는다고 생각할 수 있습니다. 우리는 하나님에게 받은 것 가지고 헌신과 봉사하는 청지기입니다.

아직 내 손에 있을 때 주인께서 거둬 가시기 전에 하나님께서 맡긴 대로 하나님의 영광을 돌리는 일에 사용하는 자가 지혜로운 청지기입니다.

성경읽기/ 고린도전서 4:7에서 우리가 받은 것들이 무엇인지 말해봅시다.

나가는 말

욥은 절대주권이 하나님의 손에 있음을 믿고 "주신 자도 하나님이시고, 거두어 가시는 분도 하나님이시라" 고 했습니다.

다윗은 성전건축을 위해 엄청난 재물을 하나님께 바치면서 이렇게 고백했습니다. "나와 내 백성이 무엇이기에 이처럼 즐거운 마음으로 드릴 힘이 있었나이까 모든 것이 주께로 말미암았사오니 우리가 주의 손에서 받은 것으로 주께 드렸을 뿐이니이다."(대상 29:14)

우리가 가지고 있는 모든 것은 하나님의 것입니다. 하나님께서 우리에게 맡겨 주신 것입니다. 하나님께서 거두어 가시면 다 놓고 이 세상을 떠나게 됩니다. 그러므로 나에게 맡겨 주신 시간, 물질, 재능을 하나님이 기뻐하시는 일에 사용하는 자가 지혜로운 청지기입니다.

나눔의 시간

1. 오늘 말씀을 통하여 느낀 점을 말해봅시다.
2. 나는 내가 가지고 있는 것에 대하여 누구 것으로 알고 살아왔는지 말해봅시다.

적용하기

오늘 말씀을 생활에 어떻게 적용할까 말해봅시다.

결단 및 합심기도

1. 지금까지 내게 있는 것이 내 것으로 알고 내 뜻대로 사용하며 살았다면 이제는 모든 것이 하나님의 것임을 알고 하나님의 뜻대로 사용할 것을 다짐하며 기도합시다.
2. 우리 구역 부흥과 교회부흥과 전도 대상자를 위하여 기도합시다.

감사 및 알림

헌금 및 기도, 교회소식, 구역소식, 다음 모임, 주기도

제42과 선한 청지기

- 본문/ 베드로전서 4:10
- 인사/ 반갑습니다. 주님의 이름으로 축복합니다, 사랑합니다.
- 찬송/ 321, 320장
- 신앙고백 (기도)

말씀읽기

각각 은사를 받은 대로 하나님의 여러 가지 은혜를 맡은 선한 청지기 같이 서로 봉사하라

생각하기/ 신지식인이 된 해커

1993년에 청와대 전산망에 침입한 해커로 실형까지 언도 받았다가 기획 예산처에 행정 사무관으로 특채된 김재열 씨가 '신지식인'에 선정되었다는 보도가 있었습니다. 김 사무관은 지난 93년초 청와대를 사칭하면서 PC통신 ID를 도용, 수백억 원에 이르는 각 은행의 휴면계좌 현황을 알아내서 예금을 자신의 계좌로 이체하려다가 구속되었습니다. 그 후 집행유예로 풀려나 대우그룹에서 컴퓨터 보안전문가로 전산 환경특별감사 등 기획 업무를 맡아보다가 98년 기획 예산처에 계약직으로 특별 채용되었습니다.

기획 예산처는 업무 실적을 토대로 신지식 기획 예산인으로 김 사무관 등 3명을 선정해 상금과 특별 휴가를 주었습니다.

이 사람은 컴퓨터에 대한 지식을 가지고 있었습니다. 그것을 악한 의도로 사용할 때는 거액을 빼내서 국가 경제에 손해를 입히려고 했었습니다. 그러나 선한 일에 그 지식을 사용하게 되니 신지식인으로 뽑히는 영광을 얻게 된 것입니다.

말씀 속으로

1. 선한 청지기는 주인의 유익을 위해 일하는 자입니다

"1 어떤 부자에게 청지기가 있는데 그가 주인의 소유를 낭비한다는 말이 그 주인에게 들린지라 2 주인이 그를 불러 이르되 내가 네게 대하여 들은 이 말이 어찌 됨이냐 네가 보던 일을 셈하라 청지기 직무를 계속하지 못하리라 하니 3 청지기가 속으로 이르되 주인이 내 직분을 빼앗으니 내가 무엇을 할까 땅을 파자니 힘이 없고 빌어 먹자니 부끄럽구나..."(눅 16:1-3)

선한 청지기는 주인의 뜻에 따라 주인의 것을 잘 관리하며 주인을 위해 일하여 유익을 남기는 자입니다. 아무리 재능이 많고 일을 잘해도 주인의 뜻대로 하지 않거나 불순종하면 주인은 그를 버리십니다. 이스라엘의 초대왕 사울은 불순종하므로 하나님께 버림 받았습니다.(삼상 15:23)

성경읽기/ 사무엘상 15:22 말씀을 읽고 순종에 대하여 어떻게 말하고 있는지 나눠 봅시다.

2. 선한 청지기는 하나님의 영광을 위해 일하는 자입니다.

인간의 삶의 궁극적인 목적은 하나님께 영광 돌리는 것입니다. 성경은 너희가 먹든지 마시든지 무엇을 하든지 다 하나님의 영광을 위해서 하라고 하였습니다.(고전 10:31) 위대한 전도자가 되고, 순교자가 되는 것만이 하나님께 영광 돌려드리는 것이 아닙니다. 작은 일에 충성하며 봉사하는데서 하나님의 영광을 드러낼 수 있습니다.

교회에서 주보 접기, 전등 갈기, 시계 전지 갈기, 화장실 청소하기, 휴지통 분리 수거하기, 화분 관리, 차량 운전, 차량 청소, 신발장 정리 등 이런 일들은 눈에 잘 들어오지 않기 때문에 소홀히 하게 됩니다. 그러나 누군가가 반드시 해야 할 일입니다.

성경읽기/ 누가복음 16:10 말씀을 읽고 주시는 교훈을 말해봅시다.

3. 선한 청지기는 이웃에게도 유익을 끼칩니다.

창세기에 나오는 요셉은 대표적인 선한 청지기입니다. 그는 노예로 팔려가 보디발의 집에서 종으로 일할 때 집안 모든 일을 맡아 잘 관리하였습니다. 그는 자신의 유익을 조금도 구하지 않고 주인이 맡긴 일에 최선을 다했습니다. 그러므로 그 집에 큰 복이 임했습니다. 그러자 여주인이 그를 유혹했습니다. 그는 여주인의 동침하자는 유혹을 거절하므로 누명을 쓰고 감옥 생활까지 하게 됩니다. 그는 여주인과 동침했으면 여주인의 사랑을 받으며 자신에게 많은 이익이 돌아왔을 것입니다. 그러나 그는 거절하므로 고난을 당했습니다.

요셉은 선하고 충성된 청지기였습니다. 그러므로 하나님이 요셉과 함께하셔서 애굽의 2인자인 총리 자리에 앉게 됩니다.

성경읽기/ 창세기 39:9 말씀을 읽고 교훈을 말해봅시다.

나가는 말

선한 청지기는 주인의 뜻에 따라 맡은 일에 충성하는 자요, 주인의 것에 손해를 끼치지 않고 이익을 남기는 자입니다. 하나를 맡기면 둘을 하고, 하나를 가르쳐 주면 그 너머에 있는 것까지도 볼 수 있는 비전 있는 청지기가 선한 청지기입니다. 주인의 뜻을 정확하게 알아내어 경제적으로 효율적으로 감당하는 자가 선한 청지기입니다.

나눔의 시간

1. 오늘 말씀을 통하여 느낀 점을 말해봅시다.

2. 나는 한해 동안 하나님의 영광을 위하여 주님의 교회와 이웃에서 어떤 일을 하였는지 말해봅시다.

적용하기

오늘 말씀을 생활에 어떻게 적용할까 말해봅시다.

결단 및 합심기도

1. 나는 내가 맡은 일에 어떤 이익을 남겼는지 돌아보며 주님의 교회와 주의 나라의 유익을 끼치는 선한 청지기가 될 것을 다짐하며 기도합시다.
2. 우리 구역 부흥과 교회부흥과 전도 대상자를 위하여 기도합시다.

감사 및 알림

헌금 및 기도, 교회소식, 구역소식, 다음 모임, 주기도

제43과 충성된 청지기

- 본문/ 고린도전서 4:1-2
- 인사/ 반갑습니다. 주님의 이름으로 축복합니다, 사랑합니다.
- 찬송/ 185, 217장
- 신앙고백 (기도)

말씀읽기

1 사람이 마땅히 우리를 그리스도의 일꾼이요 하나님의 비밀을 맡은 자로 여길지어다 2 그리고 맡은 자들에게 구할 것은 충성이니라

생각하기/ 카네기의 후계자

미국의 강철 왕 카네기가 늙어서 죽을 날이 가까왔을 때 사람들의 관심은 그의 후계자 문제에 집중되었습니다. 막상 그가 후계자를 지목했을 때는 전 미국과 세계는 깜짝 놀랐습니다.

그 이유는 쉬브라고 하는 무명의 사람을 후계자로 지목하였기 때문입니다. 쉬브는 초등학교 학력 밖에 없었고 청소부로 회사에 입사한 사람이었습니다. 그런 그가 거대한 회사의 후계자가 된 것은 작은 일에 최선을 다해 충성했기 때문입니다. 그는 주어진 일에 최선을 다해 충성하므로 카네기의 비서로 발탁이 되었습니다. 그는 카네기의 눈과 손과 발이 되고 입이 되었습니다.

말씀 속으로

1. 우리는 맡은 자들입니다.

맡은 자란 청지기, 일꾼, 종 등을 가리키는 말로 주인의 일을 맡은 자를 말합

니다. 우리는 모두 맡은 자들입니다. 무엇을 맡았습니까?

우리는 복음을 맡았습니다. 주님은 너희는 온 천하에 다니며 만민에게 복음을 전파하라고 했습니다.(막 16:15) 바울은 "나는 복음을 전할 직분을 맡았다"고 했습니다. (고전 9:17)

또한 우리는 은사와 직분을 맡았습니다. 권사 집사 구역장 권찰 교사 찬양대 모든 직분과 각가지 재능은 주님이 맡기신 것입니다. 교육적인 재능, 음악적인 재능, 체육적인 재능, 음식 만드는 재능, 글씨 잘 쓰는 것, 기계를 잘 다루는 것, 연기를 잘하는 것 등 이 모든 것들이 다 은사에 해당됩니다. 하나님께서 각 사람에게 다양한 은사, 달란트를 맡기셨습니다.

성경읽기/ 에베소서 4:11 말씀을 읽고 어떤 직분과 은사를 주었는가 말해봅시다.

2. 맡은 자들에게 구할 것은 충성입니다.

충성이란 마음 중심으로 일하는 것입니다. 헬라어의 충성이란 "피스티스"인데 이는 신실함, 진실함, 변함없는 등의 뜻을 가진 말입니다. 충성된 청지기가 되려면 변함이 없고 진실하고 신실해야 합니다. 감정 따라 변하고 환경 따라 변하고 기분 따라 변하는 사람은 아무리 열심히 일해도 충성된 청지기가 될 수 없습니다. 자기 뜻대로 열심내는 것은 충성이 아닙니다.

운동장에서 열심히 뛴다고 다 경기는 아닙니다. 법대로 해야 하고 규칙대로 해야 합니다. 충성은 주인의 뜻을 받들어 최선을 다하는 것입니다. 사람이 알아주든 말든 누가 보든 말든 상관없이 주님만 보고 일하는 것이 충성입니다. 힘들어도 어려워도 포기하지 않고 변함없이 하는 것이 충성입니다. 청지기의 임무는 오직 주인에게 충성하는 것입니다.

성경읽기/ 요한계시록 2:10을 읽고 우리는 어떻게 충성해야 하는지 말해봅시다.

3. 주님은 우리에게 충성을 요구합니다.

충성이란 주인의 뜻대로 최선을 다하는 것입니다. 일꾼의 최고의 덕목은 순종과 충성에 있습니다. 우리는 청지기라는 것을 절대 잊어서는 안됩니다. 내 생명도 물질도 가정도 자녀도 기술도 내 것이 아니다. 하나님께서 맡긴 것이므로 우리는 하나님이 요구하시면 모두 드려야 합니다.

청지기란 말은 식탁에서 수종드는 자 또는 배 밑에서 노를 젓는 사람과 같은 의미로 옛날의 배는 노를 저어야만 움직였습니다.

커다란 배는 밑에 2단, 3단까지 노를 저을 수 있도록 만들어져 있었습니다. 주로 종, 노예들이 그 밑에 두 줄로 앉아서 노를 저었습니다. 그들은 그 배가 어디로 가는지, 언제 목적지에 도착하는지도 모르고 오직 선장의 말에 따라 땀 흘리며 최선을 다해 노를 저을 뿐이었습니다.

충성된 청지기는 주인의 말씀에 따라 순종하며 최선을 다하는 자입니다.

성경읽기/ 잠언 28:20에서 충성된 자에게 무엇이 약속되어 있는가 말해봅시다.

나가는 말

충성이라는 말과 믿음이라는 말은 헬라어에서는 같은 뜻으로 사용되고 있습니다. 믿음이 있다는 것은 자기가 맡은 일에 얼마나 충성을 다하느냐로 증명이 되는 것입니다.

노예선의 맨 밑창에서 노 젓는 일을 맡았든지 책임이 큰 관리자의 일을 맡았든지 충성해야 합니다.

우리는 하나님의 청지기입니다. 하나님은 우리에게 이 교회를 맡기셨고 복음을 맡기셨습니다. 우리는 하나님의 청지기로서 우리에게 맡겨주신 일에 최선을 다하는 충성된 청지기가 되어야 합니다.

나눔의 시간

1. 오늘 말씀을 통하여 느낀 점을 말해봅시다.
2. 나는 맡은 일에 어떻게 충성하고 있는지 말해봅시다.

적용하기

오늘 말씀을 생활에 어떻게 적용할까 말해봅시다.

결단 및 합심기도

1. 맡은 일에 충성하지 못한 것이 있으면 회개하고 더욱 충성할 것을 다짐하며 기도합시다.
2. 우리 구역 부흥과 교회부흥과 전도 대상자를 위하여 기도합시다.

감사 및 알림

헌금 및 기도, 교회소식, 구역소식, 다음 모임, 주기도

제44과 청지기와 결산

- 본문/ 마태복음 25:19-21
- 인사/ 반갑습니다. 주님의 이름으로 축복합니다, 사랑합니다.
- 찬송/ 191, 406장
- 신앙고백 (기도)

말씀읽기

19 오랜 후에 그 종들의 주인이 돌아와 그들과 결산할 새 20 다섯 달란트 받았던 자는 다섯 달
란트를 가지고 와서 이르되 주인이여 내게 다섯 달란트를 주셨는데 보소서 내가 또 다섯 달란
트를 남겼나이다 21 그 주인이 이르되 잘하였도다 착하고 충성된 종아 네가 적은 일에 충성하
였으매 내가 많은 것을 네게 맡기리니 네 주인의 즐거움에 참여할지어다 하고

생각하기/ 80세 인생결산

스위스의 한 노인이 80세를 맞게 되었습니다. 이 노인은 자신이 살아온 인생을 돌이켜 보면서 시간을 양(量)으로 계산한 통계를 만들어 세상에 내놓았습니다. 그의 80년 중 26년 동안 잠을 잤습니다. 21년 동안을 노동에 바쳤습니다. 6년은 식사하는데 사용했습니다.

남이 약속을 지키지 않아 기다린 시간이 무려 5년이었습니다. 그리고 무의미하게 혼자 낭비한 시간이 5년이었고, 수염을 깎고 세면을 하는 것에 228일을 보냈으며, 아이들과 노는 것에 26일을 썼습니다. 넥타이를 매는데 18일이 걸렸고, 담뱃불을 붙이는 일에는 12일이 소모되었습니다. 그가 행복을 누렸던 시간들은 약 46시간에 불과했다고 합니다.

말씀 속으로

1. 청지기는 결산날이 있습니다.

본문의 비유는 주인이 종들에게 달란트를 맡기고 타국에 갔다가 오랜 후에 돌아와 결산하는 내용입니다. 여기 주인은 예수님을 말하며 종들은 우리 모든 사람들을 말하고 타국은 천국을 말하며 돌아오는 것은 주님의 재림을 말합니다. 주님은 하늘로 가시면서 제자들에게 임무를 맡기고 가셨습니다. 주님이 맡기신 것이 달란트입니다. 달란트는 우리에게 주어진 직분 재능 시간 물질 등 모든 것들입니다. 이 말씀 속에서 강조되는 것은 주인이 반드시 오신다는 것과 오시면 결산이 있다는 것입니다. 그러므로 우리는 결산날을 생각하며 일해야 합니다.

우리는 시간, 물질, 직분, 은사에 대한 결산날이 있음을 알아야 합니다.

성경읽기/ 히브리서 9:27 말씀을 읽고 교훈을 말해봅시다.

2. 일한대로 대가가 주어집니다.

다섯 달란트 받은 종과 두 달란트 받은 종은 착하고 충성된 종이라고 칭찬을 받고 주인의 즐거움에 참여할지라고 했습니다. 이는 천국 잔치에 참여하라는 것입니다. 그들이 칭찬받는 이유는 주인이 맡긴 것을 가지고 열심히 일하여 이익을 남겼기 때문입니다.(마 25:20,22)

우리는 달란트를 받았습니다. 달란트를 활용하지 않고 묻어두면 악하고 게으른 종이 됩니다. 우리에게 있는 재능 건강 시간 물질 등을 주를 위해 바르게 활용하시기 바랍니다.

성경읽기/ 마태복음 25:19을 읽고 언제 결산이 있는지 말해봅시다.

3. 게으른 종은 천국에 들어가지 못합니다.

결산 때에 한 달란트 받은 종은 그가 받은 달란트를 활용하지 않고 땅에 묻어 두었다가 그대로 가져왔습니다. 주인은 그를 책망하며 있는 것까지 빼앗고 이 무익한 종을 바깥 어두운 데로 내쫓으라 거기서 슬피 울며 이를 갈리라고 하였습니다.(28-30)

주님은 일하지 않는 자들은 악한 자라고 하였습니다. 사람은 땅에 사는 동안 일하여 열매를 거두고 먹고 살라고 하였습니다.(창 1:28) 그러므로 일하지 않는 자는 악한 종이며 게으른 종입니다.

바울은 자기 손으로 일하기를 힘쓰라고 하였으며(살전 4:11) 일하기 싫은 자는 먹지도 말라고 하였습니다.(살후 3:10) 우리는 생업을 위해서도 열심히 일해야 하지만 주님의 나라와 주님의 교회와 영혼 구원하는 일을 열심히 해야 합니다. 자신의 생업을 위해서 일한 것은 상이 없지만 주님의 나라를 위해서 일한 것은 상이 보장되어 있습니다.

성경읽기/ 요한계시록 22:12에서 주님이 다시 오실 때 어떻게 하신다고 하셨나요?

나가는 말

우리는 모두 청지기입니다. 우리의 재산도, 명예도, 권력도, 생명도, 시간도 내 것이 아닙니다. 주인이 오늘이라도 우릴 부르시면 모든 것을 놓고 가야 합니다. 지금 내 손에 있는 것도 내 것이 아닙니다. 우리는 결산할 날이 있음을 알고 선한 청지기, 지혜로운 청지기, 충성된 청지기로 살아가야 합니다. 그럴 때 주님 앞에 칭찬과 상급을 받고 영원한 영광을 얻게 됩니다.

나눔의 시간

1. 오늘 말씀을 통하여 느낀 점을 말해봅시다.
2. 나는 내일이 나의 마지막 날이라면 나는 오늘 무엇을 할 것인가 말해봅시다.

적용하기

오늘 말씀을 생활에 어떻게 적용할까 말해봅시다.

결단 및 합심기도

1. 지금 주님이 오신다면 나는 주님 앞에 뭐라고 보고할 것인가를 생각하며 결산 때에 칭찬받고 상 받도록 열심히 일할 것을 다짐하며 기도합시다.
2. 우리 구역 부흥과 교회부흥과 전도 대상자를 위하여 기도합시다.

감사 및 알림

헌금 및 기도, 교회소식, 구역소식, 다음 모임, 주기도

제45과 다시 오실 예수님

- 본문/ 요한복음 14:1-3
- 인사/ 반갑습니다. 주님의 이름으로 축복합니다, 사랑합니다.
- 찬송/ 174, 176장
- 신앙고백 (기도)

말씀읽기

1 너희는 마음에 근심하지 말라 하나님을 믿으니 또 나를 믿으라 2 내 아버지 집에 거할 곳이
많도다 그렇지 않으면 너희에게 일렀으리라 내가 너희를 위하여 거처를 예비하러 가노니 3 가
서 너희를 위하여 거처를 예비하면 내가 다시 와서 너희를 내게로 영접하여 나 있는 곳에 너희
도 있게 하리라

생각하기/ 붉은줄과 황금줄

성경에는 중요한 두 줄이 있는데 하나는 붉은 줄이고 다른 하나는 황금 줄입니다. 붉은 줄은 하나님의 아들 예수께서 육신을 입고 오셔서 우리 죄를 대속하시려고 보혈을 흘려주신 피의 교리입니다. 성경에 "피"라는 단어가 약 700번 나옵니다. "황금 줄"은 예수님의 재림의 교리입니다. 재림은 기독교의 소망이요 인류의 소망입니다. 초대교회의 복음의 핵심은 주님의 부활이었습니다. 제자들은 예수님이 살아나심을 전하며 우리는 이 일에 증인이라 하였습니다. 주님의 부활이 초대교회의 복음의 핵심이었다면 이 시대의 복음의 핵심은 주님의 재림입니다.

말씀 속으로

1. 예수님은 다시 오십니다.

예수님은 하늘로 가시기전 제자들을 모아놓고 다시 오시겠다고 말씀하셨습니다.

신구약 성경은 재림의 약속으로 가득 차 있습니다. 구약에서는 초림과 재림에 관한 말씀이 1500여 회 나타나 있고 신약에서는 300여 회 재림의 말씀이 예언되었습니다. 재림 교리는 초림 교리보다 8배나 많습니다. 초림의 예언대로 예수님이 오셨습니다. 그렇다면 재림의 예언대로 예수님은 반드시 다시 오십니다.

그런데 안타깝게도 많은 성도들이 재림에 관해 무관심 내지 재림을 말하면 거부하는 자들도 있습니다. 안전 불감증으로 인해 위험을 대비하지 않다가 큰 사고를 당하는 경우가 있습니다.

이단들이 종말을 강조하다 보니 정통교회에서는 종말에 대해 거부하는 경우가 있습니다. 안전 불감증 보다 종말 불감증(終末不感症)은 더 위험합니다.

예수님의 재림을 대비하는 신앙이 매우 중요합니다.

성경읽기/ 사도행전 1:11에서 예수님은 어떻게 오신다고 했는지 말해봅시다.

2. 예수님은 거처를 예비하러 가셨습니다.

예수님은 우리를 위하여 거처를 예비하러 간다고 하셨습니다. 2절 “내가 너희를 위하여 거처를 예비하러 가노니".

여기 거처란 영어 성경에서는 맨션('mansion)으로 번역했습니다.(킹 제임스 성경) 우리나라에서는 평수가 넓은 고급 아파트를 맨션이라고 부르지만 미국에서는 테니스장과 수영장이 있고 많은 방이 딸린 저택을 맨션이라고 부릅니다.

천국은 하늘나라입니다. 나라는 왕이 있고 백성이 있고 영토가 있습니다. 천국은 가장 아름다운 나라입니다. 천국에도 집이 있고 맨션이 있습니다. 예수님께서 우리를 위해 하늘에 아름다운 거처를 예비하러 가셨습니다.

성경읽기/ 요한계시록 21:18에서 예루살렘 성곽은 무엇으로 되었는지 말해봅시다.

3. 거처가 완성되면 다시 오십니다.

"가서 너희를 위하여 거처를 예비하면 내가 다시 와서 너희를 내게로 영접하여 나 있는 곳에 너희도 있게 하리라" (3절)

오늘날 많은 분들이 천국 간증을 합니다. 천국 간증을 하신 분들의 이야기를 들으면 천국의 집들이 거의 완성되었다고 합니다.

주님은 거처를 예비하면 다시 오시겠다고 하셨습니다. 그날이 언제일지 모르지만 그 거처가 다 완성되는 날 주님은 세마포로 단장한 성도들을 데리러 오시게 됩니다. 그때에 하늘의 천사장의 소리와 하나님의 나팔소리가 온 우주를 진동할 것입니다. "보라! 신랑이로다. 맞으러 나오라"는 천군천사들의 나팔소리와 함께 주님은 다시 오십니다. 그날이 갑자기 닥치게 됩니다. 바울 사도는 빌립보 교인들에게 "주께서 가까우시니라." 고 하였습니다.(빌 4:5)

성경읽기/ 데살로니가전서 5:2-3 말씀을 읽고 주님의 오심에 대하여 말해봅시다.

나가는 말

초림의 예수님은 인생들의 죄를 대신 지고 죽으러 오셨기에 인간의 모습으로 조용히 오셨습니다. 그러나 재림하실 때는 모든 산 자와 죽은 자들을 심판하실 권세를 가지시고 천사들의 호령과 하나님의 나팔소리로 영광스럽게 오십니다.(마 25:31-32,살전 5:16)

주님이 지금까지 오시지 않는 것은 한 생명이라도 더 구원받도록 하시기 위함입니다. 그러나 주님은 무한정 기다리시지 않습니다. 이제 때가 찼습니다. 주님은 곧 오십니다.

나눔의 시간

1. 오늘 말씀을 통하여 느낀 점을 말해봅시다.
2. 나는 주님의 오심이 기다려지는지 말해봅시다.

적용하기

오늘 말씀을 생활에 어떻게 적용할까 말해봅시다.

결단 및 합심기도

1. 주님 오심에 대한 소망과 마라나타 신앙을 가지고 살 것을 다짐하며 기도합시다.
2. 우리 구역 부흥과 교회부흥과 전도 대상자를 위하여 기도합시다.

감사 및 알림

헌금 및 기도, 교회소식, 구역소식, 다음 모임, 주기도

제46과 종말의 징조

- 본문/ 마태복음 24:3-5, 7
- 인사/ 반갑습니다. 주님의 이름으로 축복합니다, 사랑합니다.
- 찬송/ 179, 175장
- 신앙고백 (기도)

말씀읽기

3 예수께서 감람 산 위에 앉으셨을 때에 제자들이 조용히 와서 이르되 우리에게 이르소서 어느
때에 이런 일이 있겠사오며 또 주의 임하심과 세상 끝에는 무슨 징조가 있사오리이까 4 예수께
서 대답하여 이르시되 너희가 사람의 미혹을 받지 않도록 주의하라 5 많은 사람이 내 이름으로
와서 이르되 나는 그리스도라 하여 많은 사람을 미혹하리라 7 민족이 민족을, 나라가 나라를
대적하여 일어나겠고 곳곳에 기근과 지진이 있으리니

생각하기/ 샬롬과 마라나타

초대교회의 그리스도인들이 즐겨 사용한 인사말은 "샬롬"과 "마라나타"였습니다. 샬롬은 "평화" 또는 "평강"을 기원하는 말이고, 마라나타는 아람어로서 "주께서 곧 오십니다" 라는 뜻입니다. "마라나타" 라는 인사말은 로마 제국의 극심한 박해 아래 고난 당하던 그리스도인들이 주님의 재림을 소망하여 나온 인사였습니다. 주의 강림을 대망하는 이 인사말은 핍박 받는 성도들의 전유물이 아니라 모든 시대의 모든 그리스도인이 즐겨 사용해야 합니다. 예수 그리스도의 강림은 모든 그리스도인의 가장 큰 소망이기 때문입니다. 제자들이 예수님께 주의 임하심과 세상 끝날에는 무슨 징조가 있느냐고 물었습니다. 그때 예수님은 끝날의 징조를 말씀해 주셨습니다.

말씀 속으로

1. 국제적인 징조

① 곳곳에서 전쟁이 일어납니다.(마 24:7)

"민족이 민족을, 나라가 나라를 대적하여 일어나겠고 처처에 기근과 지진이 있으리니 이 모든 것이 재난의 시작이니라."

2010년을 기준으로 세계의 민족분규와 전쟁지역은 40여 곳입니다.

② 이스라엘이 나라가 회복되고 독립하리라.(마 24:32)

"32 무화과나무의 비유를 배우라 그 가지가 연하여지고 잎사귀를 내면 여름이 가까운 줄을 아나니."

무화과 나무는 이스라엘을 상징하는 나무입니다. 이스라엘이 회복되는 것을 보면 재림이 임박한 것을 알 수 있다는 겁니다. 이스라엘은 70년에 멸망했다가 1948.5.14 일에 독립되었습니다.

③ 옛 로마의 부활과 세계정부의 등장입니다. 지금 유럽이 공동화폐로 경제통합을 이루고 단일 대통령으로 정치 통합을 이루면 옛 로마의 부활이 될 것입니다.

2. 자연계 및 천체의 징조

① 세계 곳곳에서 기근과 지진과 재난이 발생합니다.(눅 21:11)

20세기 이후 발생한 지진의 빈도 수와 규모는 지난 2천년 동안 발생한 수보다 더 많으며 지진으로 인해 입은 피해와 죽은 사람도 더 많다고 합니다. 세계 곳곳에서 홍수 해일 태풍 전염병 등 많은 재난이 발생합니다.(눅 21:25) 신종 인플루엔자, 광우병, 구제역, 각종 암, 오존층 파괴 등도 종말의 징조들입니다.

② 해와 달과 별 등 천체에 징조가 나타납니다.(눅 21:25)

그 날 환난 후에 즉시 해가 어두워지며 달이 빛을 내지 아니하며 별들이 하

늘에서 떨어지며 하늘의 권능들이 흔들리리라.(마 24:29)

3. 종교적인 징조

① 거짓 선지자와 거짓 종교가 많이 일어납니다.(마 24:5,11)

② 종교적인 대환난 박해가 시작됩니다.(마 24:9-10)

"사람들이 너희를 환난에 넘겨주겠으며 너희를 죽이리니 너희가 내 이름을 위하여 모든 민족에게 미움을 받으리라 "

③ 복음이 땅 끝까지 전파됩니다.(마 24:14)

2010년 현재 복음 전파는 인구 비례 95%에 달하고 있습니다.

4. 윤리 및 사회적인 징조

① 마24:12 불법이 성하므로 많은 사람의 사랑이 식어집니다.

사람들은 자기를 사랑하며 돈을 사랑하고 쾌락을 하나님보다 더 사랑하고 교만하고 부모를 거역하며 절제하지 못한다고 하였습니다.(딤후 3:2-4) 이 시대는 동성애가 합법화되고 있는 시대입니다.

② 과학적으로 지식이 고도로 발달하고 교통이 발달하여 사람들이 빨리 왕래하게 됩니다.(단 12:4)

③ 그 때는 노아 때와 같고 롯의 때와 같습니다.(마 24:37-39)

노아 때 사람들은 심판이 있다는 노아의 경고와 전도를 무시하고 먹고 마시고 시집 가고 장가 가며 집을 짓고 사고 팔며 육적 욕망과 쾌락을 즐기다가 갑자기 홍수가 터져서 멸망당하였습니다.

성경읽기/ 누가복음 17:28-29 말씀을 읽고 롯의 때의 특징과 우리 시대를 비교하여 말해봅시다.

나가는 말

사람은 때를 바로 알아야 합니다. 저녁에 하늘이 붉으면 날이 좋겠다 하고 아침에 하늘이 붉고 흐리면 날이 궂겠다 하며 천지를 분별할 줄 알면서 시대를 분별하지 못하는 것을 예수님이 탄식하셨습니다. 우리가 사는 시대는 노아의 때와 같고 롯의 때와 같습니다. 이 시대는 예수님이 말씀하신 징조가 다 나타나고 있습니다. 예수님은 이 같은 일들이 일어나는 것을 보거든 세상 끝과 예수님이 오실 때가 가까이 온 줄 알라고 하셨습니다.

나눔의 시간

1. 오늘 말씀을 통하여 느낀 점을 말해봅시다.
2. 우리 시대에 나타나고 있는 징조들을 아는 대로 말해봅시다.

적용하기

오늘 말씀을 생활에 어떻게 적용할까 말해봅시다.

결단 및 합심기도

1. 시대를 분별하지 못하고 사는 것을 회개하며 징조를 보고 시대를 분별하며 살 것을 기도합시다.
2. 우리 구역 부흥과 교회부흥과 전도 대상자를 위하여 기도합시다.

감사 및 알림

헌금 및 기도, 교회소식, 구역소식, 다음 모임, 주기도

제47과 재림 신앙

- 본문/ 베드로후서 3:9-13
- 인사/ 반갑습니다. 주님의 이름으로 축복합니다, 사랑합니다.
- 찬송/ 180, 177장
- 신앙고백 (기도)

말씀읽기

9 주의 약속은 어떤 이들이 더디다고 생각하는 것 같이 더딘 것이 아니라 오직 주께서는 너희
를 대하여 오래 참으사 아무도 멸망하지 아니하고 다 회개하기에 이르기를 원하시느니라 10
그러나 주의 날이 도둑 같이 오리니 그 날에는 하늘이 큰 소리로 떠나가고 물질이 뜨거운 불에
풀어지고 땅과 그 중에 있는 모든 일이 드러나리로다 11 이 모든 것이 이렇게 풀어지리니 너희
가 어떠한 사람이 되어야 마땅하냐 거룩한 행실과 경건함으로 12 하나님의 날이 임하기를 바
라보고 간절히 사모하라 그 날에 하늘이 불에 타서 풀어지고 물질이 뜨거운 불에 녹아지려니와
13 우리는 그의 약속대로 의가 있는 곳인 새 하늘과 새 땅을 바라보도다

생각하기/ 춘향이의 정조

전북 남원에 가면 광한루가 있습니다. 춘향이의 정조를 굳게 지킴을 기리기 위해 문화재로 보존해 오고 있습니다. 춘향이에게 변 사또의 유혹이 있었습니다. 그러나 춘향이는 이 도령과의 약속을 끝까지 붙잡고 과거시험 보러간 이 도령을 기다리며 변 사또의 청을 거절하므로 온갖 고문을 당하고 감옥까지 갑니다. 정조를 지키다가 죽음 직전에 놓여 있을 때 이 도령이 암행어사가 되어 나타납니다. 기다린 보람이 있고 고생한 보람이 있습니다. 오늘 그리스도인들에게 마귀의 유혹과 핍박이 있습니다. 우리도 신랑 되시는 예수님을 사모하며 기다리며 믿음의 정조를 지킬 때 주님 오시면 주님의 신부로 영광을 누리게 됩니다.

말씀 속으로

1. 주의 날이 더딘 것이 아닙니다.

예수님이 승천하신 후 초대교회 성도들은 주님을 기다리며 믿음을 지켰습니다. 그런데 10년이 지나도 30년이 지나도 주님은 오시지 않고 점점 더 환난 핍박은 심해졌습니다. 이때 믿음이 약한 자들은 흔들리며 옛날로 돌아가기도 하고 어떤 사람은 주의 날이 더디냐고 했습니다.

베드로는 주의 날이 더딘 것이 아니라 한사람이라도 멸망받지 않고 구원받도록 오래 참고 기다리시는 것이라고 밝혀주고 있습니다. 주님은 오늘도 오실 수 있지만 한 사람이라도 더 구원받도록 참고 기다리십니다. 그러나 주님은 갑자기 오십니다. 베드로는 주의 날이 밤에 도적이 예고 없이 찾아오는 것처럼 갑자기 임한다고 하였습니다.(벧후 3:10)

성경읽기/ 베드로후서 3:10을 읽고 우리는 어떻게 하여야 하는지 나눠 봅시다.

2. 주의 날을 사모해야 합니다.

주님은 우리의 신랑이요 우리는 주님의 신부입니다. 신랑이 신부들의 거처를 예비하러 먼 나라인 천국으로 가시면서 거처를 예비하면 다시 와서 신부들을 데리고 가겠다고 하셨습니다. 주님이 오시므로 이 세상의 모든 죄가 끝나고 죄악이 없는 주님이 다스리는 영광의 나라 행복의 나라 평화의 나라가 시작이 됩니다. 그리스도인들은 주님의 오심을 사모해야 합니다.

남편이 외국에 나갔는데 그 남편이 언제, 어떻게 귀국할지에 관해서 관심이 없다면 그 여자는 바람났거나 부부 관계가 잘못된 자입니다. 주님의 신부된 그리스도인들이 신랑 예수님의 재림을 기다리지 않고 오시는 것을 원치 않는다면 바람난자입니다. 주님을 사랑하는 자는 "재림" 소리만 들어도 가슴이 설레이고 신바람이 나고 기뻐지는 것이 정상입니다.

성경읽기/ 베드로후서 3:12 말씀을 읽고 어떻게 사모하라고 했는지 말해봅시다.

3. 평강 가운데 나타나기를 힘써야 합니다.(벧후 3:14)

우리의 삶에는 두 개의 종말이 있습니다. 하나는 역사적 종말이고 하나는 개인적 종말입니다. 역사적 종말은 재림의 주이신 예수 그리스도가 오시므로 역사가 막을 내리고 새로운 나라가 시작되는 것입니다.

개인적 종말은 주님이 오시기 전에 주님의 부름을 받아 세상을 떠나는 것입니다. 어느 날 하나님이 우리를 불러 가시면 우리는 가야만 합니다.

우리는 날마다 주님 오심을 사모하며 주님 맞을 준비를 해야 하지만 또한 하나님이 나를 언제 불러 가실까를 생각하면서 개인적인 종말도 잘 준비하셔야 합니다. 준비된 자는 주님이 오시는 날 또는 주님이 부르시는 날에 기쁨으로 주님을 뵈오며 주님 앞에 평강 가운데 나타나 영광을 얻게 됩니다.

성경읽기/ 마태복음 24:44 말씀을 읽고 우리는 어떻게 하여야 하는지 나눠 봅시다.

나가는 말

우리는 분주한 일상 속에서 정신없이 살면서 주님을 잊어버리고 사는 경우가 많습니다. 예수님은 곧 오십니다. 반드시 곧 오십니다. 또한 우리는 내일 일을 알 수 없습니다. 오늘밤 주님이 오라고 부르실 수도 있습니다. 그러므로 우리는 종말 신앙을 가지고 살아야 합니다. 재림신앙은 주님을 사모하며 주님 말씀을 지키며 주님 맞을 준비하며 사는 것입니다.

나눔의 시간

1. 오늘 말씀을 통하여 느낀 점을 말해봅시다.
2. 나는 주님 오심을 어느 정도 사모하고 있는지 말해봅시다.

적용하기

오늘 말씀을 생활에 어떻게 적용할까 말해봅시다.

결단 및 합심기도

1. 주님 오심보다 다른 것을 더 사모하며 사랑한 것이 있으면 회개하며 주님 오심을 사모하며 주님 맞을 준비하며 살 것을 다짐하며 기도합시다.
2. 우리 구역 부흥과 교회부흥과 전도 대상자를 위하여 기도합시다.

감사 및 알림

헌금 및 기도, 교회소식, 구역소식, 다음 모임, 주기도

제48과 깨어있으라

- 본문/ 로마서 13:11~12
- 인사/ 반갑습니다. 주님의 이름으로 축복합니다, 사랑합니다.
- 찬송/ 246, 447장
- 신앙고백 (기도)

말씀읽기

11 또한 너희가 이 시기를 알거니와 자다가 깰 때가 벌써 되었으니 이는 이제 우리의 구원이 처음 믿을 때보다 가까웠음이라 12 밤이 깊고 낮이 가까웠으니 그러므로 우리가 어둠의 일을 벗고 빛의 갑옷을 입자

생각하기/ 재림 나팔소리

어느 교회에서 있었던 일입니다. 그 교회 목사님께서 예수님의 재림에 대해 여러 차례 설교를 하는데도 교인들의 반응이 별로 없었습니다. 그래서 목사님은 장로님들과 그 일에 대해 상의를 하고 교인들의 경각심을 일깨워 줄 묘안을 찾게 되었습니다. 주일 예배 때 목사님은 평소처럼 설교를 하셨습니다. "여러분, 예수님은 다시 오십니다. 임박했으니 정신을 차리고 깨어 준비해야 합니다." 이렇게 설교를 하다가 갑자기 말을 중단하더니 목사님은 공중을 보면서 떨리는 목소리로 "여러분, 저기를 보십시오. 예수님이 재림하고 계십니다!" 그때 나팔 소리가 예배당에 진동을 했습니다. 그 순간 교회가 난리가 났습니다. 졸고 있다가 깜짝 놀라서 의자 밑에 머리를 처박고 부들부들 떠는 사람, 안절부절 당황해 하는 사람, 밖으로 뛰쳐 나가는 사람, 그야 말로 교회는 온통 수라장이 되고 말았답니다. 지붕 위에 올라가 숨어 있던 장로님들이 나팔을 불었던 것입니다.

말씀 속으로

1. 이 시기를 알아야 합니다.

이 시기는 밤이 깊고 낮이 가까이 온 때입니다. 이 시대는 죄악의 밤이 깊어 가고 있습니다. 세상은 어두움으로 뒤덮여 있습니다. 온 세계가 돈 우상 쾌락 우상에 빠져 있습니다. 음행과 음란이 홍수를 이루고 있습니다. 성이 상품화되고 개방화되었습니다. 나라마다 동성 연애가 합법화되어 가고 있습니다. 동성애 목사가 등장하고 동성애 주교가 세워지고 있습니다.

이 시대는 노아 때보다 더 타락하고 소돔 고모라 때보다 더 타락했습니다. 성적으로 타락했을 때 하나님의 심판이 임했습니다. 이 시대는 심판 아래 놓여 있습니다. 밤이 깊어가면 낮이 가까이 온 것입니다. 주님은 징조를 보아 때를 알라고 하셨는데 주님이 말씀하신 징조가 다 나타나고 있습니다. 우리는 시대를 분별하고 시대에 맞게 살아야 합니다.

성경읽기/ 베드로전서 4:7 말씀을 읽고 마지막 때 어떻게 해야 할지 말해봅시다.

2. 거룩한 삶을 살아야 합니다.

밤이 깊고 낮이 가까왔으니 어두움의 일을 벗고 빛의 갑옷을 입자고 하였습니다. 옷은 행실을 상징합니다. 빛의 갑옷이란 빛된 삶, 거룩한 삶을 사는 것을 말합니다. 거룩한 삶은 구별된 삶입니다. 세상 백성처럼 육신의 욕망을 따라 살지 않고 천국 백성으로 말씀을 따라 사는 것입니다. 죄를 멀리하고 방탕과 술 취함과 음란과 호색하지 않으며 다툼과 시기하지 않고 정욕을 위하여 육신의 일을 도모하지 않는 것입니다.(롬 13:13-14)

우리는 하나님의 자녀요 거룩한 백성이 되었으니 이제 거룩한 생각을 하고 거룩한 말을 하고 거룩한 삶을 살아야 합니다. 이것이 주님을 맞이하기 위한 준비입니다.

성경읽기/ 에베소서 5:3-4을 읽고 우리가 어떻게 살아야 하는지 말해봅시다.

3. 깨어 있어야 합니다.

성경에는 재림과 관련해서 깨어 있으라는 말씀이 곳곳에 나옵니다. 깨어있으라는 말은 밤에 잠을 자지 말라는 뜻이 아니라 항상 준비하며 살라는 말입니다. 재림이 점점 다가오고 있지만 그날이 언제일지 정확한 날을 모르니까 항상 준비하고 있으라는 겁니다.(마 24:44)

주님은 분명 오시지만 언제 오실지 모릅니다. 주님은 갑자기 오십니다. 그러므로 깨어 있어야 합니다.(마 24:42)

신앙생활에 나태하지 말고 깊은 잠에 빠지지 않도록 깨어 있어야 합니다. 신앙이 침체되거나 흔들리거나 뒤로 후퇴하지 말아야 합니다. 또한 항상 기도하는 것입니다. 겟세마네 동산에서 기도하지 않고 깊은 잠에 빠졌던 제자들에게 '시험에 들지 않게 깨어 기도하라' 고 하셨듯이 깨어 있는 것은 기도에 힘쓰는 것입니다.

성경읽기/ 누가복음 21:36을 읽고 왜 깨어 있어야 하는가에 대하여 말해봅시다.

나가는 말

재림을 준비하는 신앙을 종말론적인 신앙이라고 합니다. 종말론적인 신앙은 우리로 하여금 '오늘이 마지막이라면' '오늘 예수님이 재림하신다면' 이라는 생각을 갖고 살게 하는 신앙입니다. 어떤 의사는 자기 진찰실의 벽 위에 영어로 두 단어를 써 놓았다고 합니다. "Perhaps Today"(퍼햅스 투데이) 이 말은 '

아마 오늘일지 몰라!' 라는 의미입니다. 우리는 설마, 오늘은 아니겠지!하고 살고 있지는 않는지요? 주님은 오늘도 오실 수 있음을 알고 맞을 준비하며 사는 삶이 깨어 있는 삶입니다.

나눔의 시간

1. 오늘 말씀을 통하여 느낀 점을 말해봅시다.
2. 나는 항상 영적으로 깨어 있는지 말해봅시다.

적용하기

오늘 말씀을 생활에 어떻게 적용할까 말해봅시다.

결단 및 합심기도

1. 영적으로 잠자고 있었으면 회개하며 항상 깨어 있을 것을 다짐하며 기도합시다.
2. 우리 구역 부흥과 교회부흥과 전도 대상자를 위하여 기도합시다.

감사 및 알림

헌금 및 기도, 교회소식, 구역소식, 다음 모임, 주기도

제49과 다시 사신 예수님 (부활절)

- 본문/ 마태복음 28:5-6
- 인사/ 반갑습니다. 주님의 이름으로 축복합니다, 사랑합니다.
- 찬송/ 164, 167장
- 신앙고백 (기도)

말씀읽기

5 천사가 여자들에게 말하여 이르되 너희는 무서워하지 말라 십자가에 못 박히신 예수를 너희
가 찾는 줄을 내가 아노라 6 그가 여기 계시지 않고 그가 말씀 하시던 대로 살아나셨느니라 와
서 그가 누우셨던 곳을 보라

생각하기/ 빈 계란

미국 메사추세츠 주의 한 교회학교에 나오는 여덟 살짜리 소년 톰이 있었습니다. 그는 병으로 휠체어에 실려 교회에 나오는 소년이었습니다. 부활주일을 앞두고 톰의 교회학교 선생님은 아이들에게 속이 비어 있는 플라스틱 계란을 주며 그 속에 무엇이든 생명이 있는 것을 넣어 오라고 했습니다. 부활절 아침, 아이들이 차례로 계란을 열어 보았습니다. 꽃이나 나뭇잎, 곤충 등 아이들은 생명이 있는 여러 가지를 준비해 왔습니다.

그런데 톰의 계란은 비어 있었습니다. 그걸 본 몇몇 아이들은 깔깔거리며 웃었지만 교사는 앓고 있는 톰을 동정해서 "톰이 많이 아팠나 보구나 준비하지 못했어도 괜찮아"라고 위로하였습니다. 그때 톰은 "선생님 저는 생명을 준비했습니다. 이것은 예수님의 무덤입니다. 예수님은 다시 살아났기 때문에 그 무덤이 비어 있잖아요."

말씀 속으로

1. 예수님은 죽으셨습니다.

예수님은 죽으러 이 땅에 오셨습니다. 왜 죽으러 오셨을까요? 이는 죄의 값은 사망이라는 하나님의 법을 이루기 위해서입니다. 인류는 죄를 지으므로 모두 죽어야만 합니다. 그 죽음은 단순한 육체의 죽음만이 아니라 영혼이 지옥에 떨어져 영원한 고통을 당하는 것을 의미합니다. 하나님께서는 죄인들을 대신하여 죽어야할 대속의 제물로 예수님을 보내셨습니다.

예수님은 죄가 없으시지만 죄인처럼 죽으셨습니다.(벧전 2:22)

예수님은 제자들에게 자신이 죽게 될 것과 다시 살아날 것을 여러 번 말씀하셨습니다.(마 16:21, 17:22-23)

성경읽기/ 베드로전서 2:24을 읽고 예수님이 어떻게 죽으셨으며 왜 죽으셨는가에 대하여 말해봅시다.

2. 예수님은 살아나셨습니다.

주일 아침 몇몇 여인들이 예수님의 무덤을 찾아갔습니다. 그러나 무덤은 이미 비어 있었습니다. 여인들은 예수님의 시체가 없어진 줄 알고 절망과 낙심, 슬픔에 빠져 있었습니다. 이때, 흰옷 입은 천사가 나타나 알려줍니다.

"너희는 무서워하지 말라 십자가에 못 박히신 예수를 너희가 찾는 줄을 내가 아노라 그가 여기 계시지 않고 그가 말씀 하시던 대로 살아나셨느니라. 와서 그가 누우셨던 곳을 보라." (마 28:5-6)

두 명의 흑인 소년이 아랍인에게 팔려갔습니다. 주인은 그들에게 모하멧을 믿으라고 권고했습니다. 모하멧의 시신은 사우디 아라비아 메디나 시 한 관에 보존되어 있음을 설명했습니다. 두 소년은 어느 날 어느 선교사에게 그리스도의 고난, 죽음, 부활에 대해 들었습니다. 두 소년은 깊이 생각했습니다. 모하멧은 죽어 시신이 관에 있고 예수님은 우리를 위해 죽으시고 부활하여 살아 계시는데 과연 누구를 믿어야 할까? 결론은 산 자를 믿기로 했습니다. 예수님은 인류를 위해 죽으시고 3일 만에 살아나셨습니다.

성경읽기/ 고린도전서 15:4-6에서 읽고 예수님은 부활 후 누구에게 보이셨나요?

3. 예수님의 부활은 첫 열매입니다.

예수님은 사망의 권세를 깨뜨리고 부활하시므로 모든 믿는 자들에게 부활의 첫 열매가 되셨습니다. 예수님의 죽음이 분명한 것처럼 예수님의 부활도 분명합니다.

바울 사도는 "그리스도께서 죽은자 가운데서 다시 살아나사 잠자는 자들의 첫 열매가 되셨도다."(고전 15:20) 고 하였습니다.

예수님의 부활은 죽음이 끝이 아님을 보여주며 죽은 자들이 다시 살게 됨을 보여줍니다.

그리스도인은 육신은 죽어도 영혼은 주님과 함께 거하다가 예수님 다시 오실 때 부활하게 됩니다.

성경읽기/ 고린도전서 15:13-14을 읽고 만일 부활이 없다면 어찌 될 것인가에 대하여 말해봅시다.

나가는 말

기독교는 빈 무덤의 종교입니다. 예수님은 다시 살아나셨습니다. 예수님의 부활은 기독교 신앙의 본질이요, 신앙의 핵심 요소입니다.(고전 15:13-14) 부활하신 주님은 40일 동안 세상에 계시면서 10여 차례 이상 자신의 모습을 나타

내 보여주셨습니다. 의심 많은 도마에게는 손과 옆구리를 만져보라고 하시면서 확실하게 보여주셨습니다.

부활하신 주님을 만난 제자들은 슬픔이 기쁨으로, 절망에서 새 희망을 가지고 목숨 걸고 담대히 부활의 주님을 전했습니다.

나눔의 시간

1. 오늘 말씀을 통하여 느낀 점을 말해봅시다.
2. 예수님의 부활과 나와 어떤 관계가 있는지에 대하여 말해봅시다.

적용하기

오늘 말씀을 생활에 어떻게 적용할까 말해봅시다.

결단 및 합심기도

1. 부활의 증인으로 삶을 살지 못한 것을 회개하며 부활의 소망을 가지고 담대히 부활을 전할 것을 다짐하며 기도합시다.
2. 우리 구역 부흥과 교회부흥과 전도 대상자를 위하여 기도합시다.

감사 및 알림

헌금 및 기도, 교회소식, 구역소식, 다음 모임, 주기도

제50과 맥추절을 지키라 (맥추감사절)

- 본문/ 출애굽기 23:16
- 인사/ 반갑습니다. 주님의 이름으로 축복합니다, 사랑합니다.
- 찬송/ 591, 588장
- 신앙고백 (기도)

말씀읽기

맥추절을 지키라 이는 네가 수고하여 밭에 뿌린 것의 첫 열매를 거둠이니라 수장절을 지키라 이는 네가 수고하여 이룬 것을 연종에 밭에서부터 거두어 저장함이니라

생각하기/ 무우와 황소

어느 마을에 마음씨가 착하고 부지런한 농부가 살고 있었습니다. 어느 해 무우를 심었더니 어찌나 잘되었는지 거의 사람 몸 만한 무우를 뽑게 되었습니다. 농부는 그 마을을 잘 다스려 주고 있는 원님의 선정 탓이라 생각하고 그 무우를 원님께 가져다 바쳤습니다. 원님은 이 농부의 갸륵한 마음에 무엇으로 보답할까 생각하다가 하인을 불러 물어보니 최근 큰 황소 한 마리가 들어온 것이 있다고 알려 주었습니다. 원님은 이 황소를 농부에게 주었습니다. 이 소문이 온 동리에 퍼지자 이를 배 아파하는 악한 농부가 무우를 바치고 황소를 얻었으니 황소를 바치면 땅을 받을 수 있을 것이란 생각으로 원님께 황소를 바쳤습니다. 원님은 고맙다고 하면서 관가에 들어온 것 중에 귀한 물건이 있으면 가져다주라 했는데 이는 지난 번에 들어 온 무였다고 합니다.

말씀 속으로

1. 맥추절의 기원

하나님께서는 이스라엘 백성들에게 맥추절을 지키라고 명하셨습니다.(출 23:16) 맥추절이란 보리 농사를 짓고 첫 열매를 거두어 하나님께 감사드리는 절기입니다. 맥추절의 기원은 성경에서 시작됩니다. 이스라엘 백성이 가나안 땅에 들어가서 처음 곡식을 거둘 때부터 시작이 되었습니다. 맥추절은 칠칠절(출 34:22) 초실절(출 34:22) 오순절(행 2:1)이라고 불려졌습니다. 칠칠절이란 의미는 유월절 후 49일이 지나서 지키게 되므로 7.7절이라고 부르게 되었으며, 오순절이란 50을 뜻하는 말로 유월절 이후 50일에 지키는 절기라고 해서 오순절이며, 초실절이란 이스라엘이 농사를 지어서 첫 열매를 거두어 드린다는 뜻에서 초실절이라고 했습니다.

농경시대에는 농사가 주요 산업이었기 때문에 농사 지은 것을 감사하였습니다. 지금은 산업사회화가 되어 어느 특정한 산업뿐 아니라 우리의 모든 생활에서 모든 것을 주신 하나님께 감사하여야 합니다.

성경읽기/ 신명기 16:10을 읽고 맥추절을 어떻게 지켜야 할지 말해봅시다.

2. 맥추절의 의미

맥추 감사절은 신본주의의 신앙을 교훈합니다. 맥추감사절은 단순히 곡물을 하나님께 드린다는 것에 의미가 있는 것은 아닙니다. 처음 것을 드린다는데 의미가 있습니다. 처음 것은 하나님의 것으로 처음 것을 드리는 것은 하나님 중심 신앙이요 즉 신본주의 신앙입니다.

또한 맥추절을 지키는 것은 축복의 근원이 하나님께 있음을 고백하는 것입니다. 농사를 짓든 사업을 하든 직장생활을 하든 가게를 하든 모든 것이 우리

힘만 가지고 되지 않습니다. 하나님의 은혜 없이는 아무것도 할 수 없고 살아갈 수 없습니다. 현대의 맥추절은 구원의 은혜를 감사하며 6개월간 받은 은혜를 감사드려야 합니다.

성경읽기/ 시편 136:25을 읽고 무엇을 감사하라고 하였는지 말해봅시다.

3. 맥추절을 지키는 방법

이스라엘의 절기는 감사의 날이요 축제의 날입니다. 절기 때는 가장 좋은 것으로 하나님께 드리라고 하였습니다.(출 23:19)

산업사회에서는 농작물이 아닌 예물로 힘을 다해 감사를 드려야 합니다. 하나님은 빈손으로 내게 보이지 말라고 하셨습니다.(출 23:15)

또한 하나님께서 복을 주신대로 힘을 다해 자원하여 드리라고 하였습니다.(신 16:10) 하나님께 드리는 것은 억지로나 인색함으로 드리지 않아야 합니다.

하나님의 은혜를 잊지 않고 작은 일에도 기쁨으로 자원하여 감사함으로 드릴 때 더 큰 축복을 주십니다.

스펄젼 목사는 "촛불을 보고 감사하면 전등불을 주시고, 전등불을 보고 감사하면 달빛을 주시고, 달빛을 보고 감사하면 햇빛을 주시고, 햇빛을 보고 감사하면 천국을 주신다."고 했습니다.

성경읽기/ 골로새서 2:7을 읽고 감사를 어떻게 하라고 하였는지 말해봅시다.

나가는 말

어떤 사람은 맥추절이나 추수감사절 등은 농경시대에 지켰던 것이고 구약

시대에 나온 율법적인 것 아니냐며 절기를 무시하는 자들도 있습니다. 이는 잘못된 신앙입니다. 맥추절은 하나님 제일주의의 신본주의 신앙을 고백하는 것이고 하나님의 주권과 하나님의 축복권을 고백하는 것입니다.

나눔의 시간

1. 오늘 말씀을 통하여 느낀 점을 말해봅시다.
2. 나는 맥추절을 어떻게 감사하며 지키는지 말해봅시다.

적용하기

오늘 말씀을 생활에 어떻게 적용할까 말해봅시다.

결단 및 합심기도

1. 감사를 넘치게 하지 못한 것이 있으면 회개하며 힘을 다해 감사생활 할 것을 다짐하며 기도합시다.
2. 우리 구역 부흥과 교회부흥과 전도 대상자를 위하여 기도합시다.

감사 및 알림

헌금 및 기도, 교회소식, 구역소식, 다음 모임, 주기도

제51과 추수감사절

- 본문/ 출애굽기 34:22-24
- 인사/ 반갑습니다. 주님의 이름으로 축복합니다, 사랑합니다.
- 찬송/ 589, 592장
- 신앙고백 (기도)

말씀읽기

22 칠칠절 곧 맥추의 초실절을 지키고 세말에는 수장절을 지키라 23 너희의 모든 남자는 매년
세 번씩 주 여호와 이스라엘의 하나님 앞에 보일지라 24 내가 이방 나라들을 네 앞에서 쫓아내
고 네 지경을 넓히리니 네가 매년 세 번씩 여호와 네 하나님을 뵈려고 올 때에 아무도 네 땅을
탐내지 못하리라

생각하기/ 청교도의 추수감사

현대의 추수감사절은 102명의 영국의 청교도들이 신앙의 자유를 얻기 위해서 1620년 메이플라워 호를 타고 1621년 메사츄세츠 주 플리머스에 도착해서 추운 겨울을 보내고 봄에 옥수수를 심고 가을에 첫 열매를 거두어 하나님께 드리며 감사 예배를 드렸던 데서 시작되었습니다.

1623년에 윌리암 브레드 포드 주지사가 11월 넷째 목요일을 추수감사일로 공포하여 지키게 했던 것을 조지 워싱턴 대통령이 1789년에 미국의 추수감사절로 공포했습니다. 미국에서 추수감사절은 큰 명절로 칠면조 고기를 먹으며 즐겁게 보냅니다. 미국은 신앙을 바탕으로 세워진 나라입니다.

오늘날은 미국 뿐 아니라 전 세계에 흩어져 있는 교회들이 11월 셋째주일을 추수감사주일로 지키고 있습니다.

말씀 속으로

1. 추수 감사절의 기원

추수감사절은 하나님께서 모세에게 명령하신 절기입니다.(출 23;16) 수장절은 일년 농사를 짓고 거둬들여 저장한 다음 하나님의 은혜로 추수하게 됨을 감사하는 절기였습니다.

이스라엘 백성들은 수장절에는 가을의 들판에 초막을 짓고 일주일 동안 생활하며 조상들이 광야에서 40년간 초막을 짓고 생활하던 것을 기념하며 절기를 지켰습니다. "너희는 이레 동안 초막에 거주하되 이스라엘에서 난자는 다 초막에 거주할지니 이는 내가 이스라엘 자손을 애굽 땅에서 인도하여 내던 때에 초막에 거주하게 한 줄을 너희 대대로 알게 하려 함이라" (레 23:42-43) 수장절은 초막절, 또는 장막절이라고도 합니다.

성경읽기/ 신명기 16:13-15을 읽고 수장절(초막절)을 어떻게 지키라고 하였는지 말해봅시다.

2. 추수감사절은 하나님의 은혜를 기억하는 날입니다.

하나님은 우리에게 하나님께서 허락하신 은혜와 복을 기억하라고 하셨습니다.(신 16:3)

추수감사절은 1년 동안 받은 하나님의 은혜를 잊지 아니하고 기억하여 하나님께 감사로 영광을 돌리는 절기일 뿐만 아니라 마귀의 종이었던 우리를 구해주신 것을 감사하여 드리는 절기입니다. 하나님은 이스라엘 백성에게 "애굽에서 종 되었던 것을 기억하고 이 규례를 지켜 행할지니라" 고 하셨습니다.(신 16:12)

우리는 우리를 구원하시고 사랑하시고 보호하신 하나님의 은혜와 사랑을 기억하고 감사드려야 합니다.

성경읽기/ 시편 103:2-4에서 읽고 우리가 잊지 말아야 할 것이 무엇인가 말해봅시다.

3. 감사하면 더 큰 축복이 옵니다.

감사절을 지키는 것은 하나님의 은혜로 살고 있음을 고백하는 것입니다. 우리는 구원의 은혜를 생각하며 1년 동안 나의 생명과 건강과 내 가정을 지켜 주신 은혜에 감사해야 합니다.

하나님은 감사 절기를 지키는 자에게 약속하시기를 "내가 이방나라들을 네 앞에서 쫓아내고 네 지경을 넓히리니…아무도 네 땅을 탐내지 못하리라" 고 하셨습니다.(출 34:24) 지경을 넓혀 주신다는 것은 사업이 확장케 되고 장사의 지경이 넓어지게 되고 활동영역을 넓혀 주시고 영향력을 넓혀 주시는 것입니다.

성경읽기/ 골로새서 2:7을 읽고 감사를 어떻게 하라고 하였나 말해봅시다.

나가는 말

청교도들이 신대륙에 건너가서 추수감사절을 지킬 때는 환경이 좋은 때가 아니었습니다. 102명 가운데 절반 이상이 굶어죽고 추워죽고 배에서 죽었습니다. 그런데도 저들은 첫 농사를 짓고 먼저 하나님께 감사를 드렸습니다. 감사는 하나님의 뜻이요 우리 신앙의 표현이요 믿음의 척도입니다. 하나님은 감사하는 성도에게 더 감사하도록 축복해 주십니다.

우리는 삶이 힘들고 어려워도 원망, 불평하지 말고 감사의 조건을 찾아 항상 감사하며 사는 구역 식구들이 됩시다.

나눔의 시간

1. 오늘 말씀을 통하여 느낀 점을 말해봅시다.
2. 나는 내가 받은 하나님의 은혜는 어떤 것들이 있는지 말해봅시다.

적용하기

오늘 말씀을 생활에 어떻게 적용할까 말해봅시다.

결단 및 합심기도

1. 감사에 인색한 적이 있으면 회개하고 범사에 감사하는 삶을 살 것을 다짐하며 기도합시다.
2. 우리 구역 부흥과 교회부흥과 전도 대상자를 위하여 기도합시다.

감사 및 알림

헌금 및 기도, 교회소식, 구역소식, 다음 모임, 주기도

제52과 박사들의 신앙 (성탄절)

- 본문/ 마태복음 2:10-11
- 인사/ 반갑습니다. 주님의 이름으로 축복합니다, 사랑합니다.
- 찬송/ 115, 116장
- 신앙고백 (기도)

말씀읽기

10 그들이 별을 보고 매우 크게 기뻐하고 기뻐하더라 집에 들어가 아기와 그의 어머니 마리아
가 함께 있는 것을 보고 엎드리어 아기께 경배하고 보배합을 열어 황금과 유향과 몰약을 예물
로 드리니라

생각하기/ 전쟁 중 휴전

1차 대전 중 영국 해협에서 스위스 국경에 이르는 기나긴 전선에서 크리스마스 전날 밤에 있었던 일이었습니다. 전쟁 중 독일군 참호 바로 위에 크리스마스 츄리의 불빛이 만들어졌고 그들은 "고요한 밤 거룩한 밤, 저들밖에 한밤중에" 를 부르자 영국군은 박수로 응하고 이어 영어로 "참 반가운 신도여" 를 부르자 독일군은 박수로 응하며 라틴어로 받아 불렀습니다. 1시간 가량 계속된 평화의 노래는 평화의 분위기를 만들어 서로 참호에서 기어나와 크리스마스 축하 인사를 나누게 되었습니다. 팔짱을 끼고 사진을 찍고, 축구 시합, 선물 교환, 즉석 오케스트라도 연주되었습니다. 24시간 동안 국경 없는 휴전 상태가 되었습니다. 그리스도의 오심은 곧 평화를 만들었고, 비록 전쟁터이지만 모든 이들에게 기쁨과 감사의 마음을 심어주게 되었던 것입니다.

말씀 속으로

1. 예수님을 왕으로 믿었습니다.

동방 박사들은 하늘의 큰 별을 보고 그 별이 왕의 별임을 알고 머나먼 길을 찾아왔습니다. 이스라엘 민족은 주전 722년 앗수르에 망하고 606년 바벨론에 포로되어 동방나라로 끌려가서 바벨론, 페르시아, 그리스, 로마시대를 겪으며 메시아를 기다려왔습니다.

동방 사람들은 옛날 동방의 선지자 발람의 예언을 듣게 되었는데 곧 하늘에서 큰별이 뜰 때에 유대에서 세계적인 대왕이 탄생한다는 것입니다. 박사들은 새로 뜨는 큰 별을 먼저 찾으려고 각처에서 하늘을 관찰하며 별의 길을 자세히 연구했습니다. 그들은 새로 태어날 왕에게 드릴 예물 즉 황금과 유향과 몰약을 준비하고 별을 관찰하던 천문학자들입니다.

동방 박사들은 하늘에 나타난 큰 별을 보고 왕이 나심을 알고 목숨을 걸고 아기 예수를 찾아왔습니다.

성경읽기/ 마태복음 2:2을 읽고 박사들의 물음에 대하여 나눠 봅시다.

2. 경배하는 신앙을 가졌습니다.

동방 박사들은 당대 최고의 지식인이자 부귀와 명예를 소유한 사람들입니다. 그들은 학문적 호기심이나 정치적 목적, 또는 개인적 욕망을 위해서 아기 예수께 나오지 않았습니다.

저들은 우리가 동방에서 그의 별을 보고 그에게 경배하러 왔노라,(마 2:2)고 말했습니다. 그들은 헤롯에게나 아기의 부친과 모친에게 경배하지 않았습니다. 경배의 대상은 별의 주인공인 만왕의 왕이었습니다. 예수님은 만왕의 왕이십니다. 그러므로 모든 인류는 예수님께 경배하여야 합니다.

"크리스마스" 란 "그리스도" 와 "경배" 란 말의 합성어입니다. 성탄절은 놀고 즐기는 날이 아니라 아기 예수께 경배 드리는 날입니다. 먼 길을 찾아 온 동방 박사들은 초라하고 보잘 것 없는 동네에, 방도 없이 구유에 누워있는 아기를 왕이라고 믿고 엎드려 경배드렸습니다.

성경읽기/ 히브리서 1:6에서 누가 누구에게 경배하라고 하였는지 말해봅시다.

3. 헌신의 신앙을 가졌습니다.

동방 박사들은 가장 귀한 것을 아기 예수께 드렸습니다.『보배합을 열어 황금과 유향과 몰약을 예물로 드리니라』(마 2:11하) 동방 박사들은 예수님을 왕으로 믿었기에 왕의 지위에 합당한 가장 소중한 세 가지 선물을 드렸습니다.

"황금" 은 예수님이 이 땅을 통치하시는 "왕" 이심을 상징합니다. "유향" 은 제사 때 쓰는 것으로, 예수님이 "대제사장" 이심과 "하나님" 이심을 의미합니다. "몰약" 은 시체 보존을 위해 쓰는 것으로, 예수님의 "십자가 희생 죽음" 을 의미하는 것입니다. 우리도 성탄절을 맞아 예수님께 합당한 예물을 드려야 합니다.

성경읽기/ 요한복음 12:3에서 마리아는 무엇을 예수님께 드렸는가 말해봅시다.

나가는 말

동방 박사들은 예수님을 왕으로 믿고 그에게 경배하며 가장 소중한 보화를 예물로 드렸습니다. 저들은 자원하는 마음으로 최고의 예물을 준비하여 아무런 조건이나 사심 없이 아기 예수님께 드렸던 것입니다.

성탄은 우리를 구원하시기 위해 이 땅에 오신 예수님의 탄생을 기념하는 날입니다. 만왕의 왕으로 우리를 구원하러 오신 예수님께 동방의 박사들 처럼 최상의 예물을 드리며 감사와 찬양과 영광 돌리는 성탄이 되어야 합니다.

나눔의 시간

1. 오늘 말씀을 통하여 느낀 점을 말해봅시다.
2. 예수님이 나의 왕이라면 어떻게 예수님을 섬겨야 하는지 말해봅시다.

적용하기

오늘 말씀을 생활에 어떻게 적용할까 말해봅시다.

결단 및 합심기도

1. 왕 되신 주님께 합당한 예물을 드리지 못한 것을 회개하며 그의 신분에 합당한 예물을 드리며 예배의 삶을 살 것을 다짐하며 기도합시다.
2. 우리 구역 부흥과 교회부흥과 전도 대상자를 위하여 기도합시다.

감사 및 알림

헌금 및 기도, 교회소식, 구역소식, 다음 모임, 주기도

memo

52주 신바람 구역공과 **제자로 세우는 구역 1**

발행일 2011년 11월 15일
7쇄 2025년 2월 7일

지은이 조종제
펴낸이 장사경
편집디자인 최복희

펴낸곳 Grace 은혜출판사 (Grace Publisher)

주소 서울특별시 종로구 종로 65길 12-10
전화 (02) 744-4029 팩스 744-6578
출판등록 제 1-618호(1988. 1. 7)

ISBN 978-89-7917-900-2 03230
ISBN 978-89-7917-918-7 04230 (세트)